Retenga con éxito a sus empleados en una semana

Retenga con éxito a sus empleados en una semana

Sue Browell

GESTIÓN 2000

Edición original en inglés titulada «Successful Staff Retention»
Autora: Sue Browell
Traducido por: Mariona Barrera
Ilustración cubierta: Jordi Xicart

ISBN: 84-8088-772-9
Depósito legal: B-15.654-2002
Fotocomposición: gama, sl
Impresión: Talleres Gráficos Vigor, S.A. Sant Feliu de Ll. (Barcelona)
Impreso en España – Printed in Spain

ÍNDICE

INTRODUCCIÓN

La retención del personal es uno de los aspectos más importantes en el mundo empresarial y puede determinar sus éxitos. Si los mejores empleados no se quedan, las empresas pueden tener dificultades para retener a los clientes y compradores clave. Mantener al personal valioso puede ser una fuente de ventajas frente a la competencia. Sus conocimientos, experiencia y habilidades pueden contribuir a los éxitos a largo plazo de una compañía. Tiene que atraer a las personas adecuadas, utilizarlas de forma eficaz y premiarlas para conservar a las que desee. Cuesta dinero perder a algunos empleados y cuesta dinero mantenerlos, pero si no domina el arte de retener al personal, esto puede afectar potencialmente a las actuaciones financieras de la empresa y reducir sus beneficios. La retención de los trabajadores no es una cuestión sencilla, pero si quiere mantener a los mejores tiene que entrar en acción.

Este libro está destinado a directivos, jefes de equipo y especialistas en recursos humanos que necesiten comprender su función en la retención de personal y los pasos que deben realizar. Tienen que tener éxito, comprender los siguientes temas que revisaremos durante la semana:

- En qué consiste la retención de personal y por qué es importante para las empresas.
- Cómo identificar si se tiene un problema respecto a la retención de personal.
- Cómo valorar y medir la retención de los empleados.

- Las razones por las que algunos trabajadores se van y otros se quedan.
- Cómo conseguir que permanezcan en la empresa ahora y en el futuro.
- Los beneficios e inconvenientes de la retención de empleados.
- Los gastos de la retención de la plantilla.
- Las personas que tienen que involucrarse.

La retención de personal: en qué consiste

Hoy vamos a centrarnos en los siguientes aspectos:

- ¿Qué es la retención de personal?
- ¿Cuándo empieza realmente?
- Cambiar la naturaleza de las empresas.
- Cambiar la naturaleza del trabajo.

¿Qué es la retención de personal?

En pocas palabras, retener al personal significa mantener a esos miembros de la plantilla que se quieren conservar y no dejar que se marchen de la empresa, bajo ninguna razón, pero sobre todo para irse a la competencia. Las empresas deben tener a la gente adecuada, con las capacidades requeridas, en el sitio adecuado en el mejor momento. Esto implica una planificación, una contratación eficaz, una selección, una preparación, un desarrollo y una retención de los miembros que se quieren conservar. Pensar en las siguientes preguntas será un punto de partida útil:

- ¿Cuál es el valor del personal eficaz?
- ¿Cómo define a los miembros clave o adecuados de la plantilla: por su conocimiento, experiencia, buenas actuaciones, compromiso, lealtad, creatividad, calificaciones buenas en los estudios, competencias técnicas?

- ¿Qué es lo que convierte en especial a su empresa y por qué la gente debería ir a trabajar?
- ¿Qué es lo que hace que su empresa sea un sitio atractivo para trabajar y cómo atrae a las personas?

La supervivencia y el éxito de las empresas en los próximos años dependerán principalmente del personal. Las personas pueden marcar, y lo hacen, la diferencia dentro de las compañías y suelen ser sus activos más valiosos. Las políticas de interrelación e integración, un énfasis en las actuaciones, la motivación, la preparación y el desarrollo están relacionados con la gestión eficaz de la plantilla y con sacarle ventaja a la competencia. Es importante que una empresa comprenda:

- El entorno en el que existe.
- Las presiones a las que se enfrenta.
- Lo que tiene que hacer para cambiar y adaptarse.
- La contribución de su personal al crecimiento y a la innovación.
- Los temas relacionados con la eficacia de gastos en un mundo cada vez más competitivo.

Los miembros eficaces de una plantilla

Se suele definir al personal eficaz como clave o apreciado, ya que es tan importante para el éxito de la empresa que se centra un gran interés para retenerlo. Algunos puestos dentro de una compañía, por ejemplo estratégicos o técnicos, son vitales para su éxito, y una vacante en uno de ellos le podría causar problemas inmediatos. El personal que ocu-

pa estos puestos es extremadamente importante debido a sus capacidades, conocimientos y experiencia. Se ven como una fuente ventajosa frente a la competencia, crucial en el caso de empresas con grandes actuaciones. La capacidad de retener a estos miembros clave y con talento es uno de los aspectos más importantes a los que se enfrentan todas las empresas del mundo. Para algunas, retener a este personal se está haciendo cada vez más difícil. Tiene que fijarse en los conocimientos y capacidades de sus propios trabajadores.

- ¿Poseen lo que la empresa desea y necesita? Si la respuesta es positiva, entonces probablemente tiene que retenerles.
- ¿Quiénes son sus empleados más valiosos y más vulnerables, que podrían ser atractivos para los cazatalentos y competidores?

¿Cuándo empieza la retención de personal?

La retención del personal empieza mucho antes de la contratación. Podría pensar que esto es extraño y que la retención sólo empezará una vez que tenga personal trabajando para la empresa. Sin embargo, tiene que preguntarse si la empresa tiene una buena reputación y si es un lugar en el que la gente quiere trabajar, lo que significará que atrae a las personas adecuadas. Si no es un buen sitio para trabajar y tiene dificultades a la hora de conservar a la plantilla, entonces seguramente no atraerá a las personas adecuadas. Los detalles que incluye en los anuncios de trabajo, cómo se abordan las candidaturas y la contratación actual y el proceso de selección: todos estos aspectos reflejan de algún modo a la empresa. Si no es detallista ni honesto en este aspecto, cualquier trabajador nuevo puede marcharse rápidamente.

Cambiar la naturaleza de las empresas

Las empresas están cambiando y existe una necesidad de comprender tanto lo que está ocurriendo dentro de ellas como el ambiente externo. Los factores externos que afectan a su compañía son políticos, económicos, sociales, tecnológicos, legales y ambientales. Son importantes en el momento en que se examinan la escasez de capacidades, cuestiones demográficas, los competidores y el gobierno, y pueden tener una influencia determinante en la retención de personal. Tiene que entender cómo estos factores pueden provocar algunos problemas. También debe darse cuenta de lo que está sucediendo dentro de la empresa, en términos de estructura, tamaño, cultura, estilo de gestión, etcétera. A continuación encontrará algunas de las cuestiones que tiene que valorar:

- Empresa: estructura y tamaño.
- Situación económica.
- Mercado laboral y composición de la clase trabajadora.
- Capacidades y falta de habilidades.
- Aspectos demográficos.
- Variaciones regionales.
- Gestión del conocimiento.

Empresa: estructura y tamaño

Muchas compañías han reducido su tamaño, han reestructurado y cambiado los niveles de gestión y han reducido el número de trabajadores. Esto tiene unas implicaciones respecto a la retención de personal.

- ¿Cómo mantiene al personal que desea?
- ¿Cómo continúa motivando al personal restante cuando muchos de sus amigos o colegas se han marchado?
- El personal que se queda puede sentirse desilusionado y desmotivado, reduciendo así su compromiso y lealtad.
- Hay mucha demanda de capacidades clave, cualidades y conocimiento y, con menos personal, los directores tienen que atraer y conservar a sus trabajadores más valiosos.
- El futuro es mucho más que desarrollo, calidad de vida, beneficios y recompensas.
- Las empresas no pueden seguir pagando cada vez más, simplemente para atraer y retener al personal clave.

En algunas ocasiones, las compañías han anticipado los cambios de tamaño y estructura, composición de sus trabajadores y han adoptado diferentes prácticas laborales. Existen diferencias entre las grandes empresas y las pequeñas, entre el tipo y el sector, y esto es importante a la hora de contemplar los enfoques adoptados. Las fusiones y adquisiciones han causado algunos cambios, creando, a menudo, empresas más grandes, pero suele haber más personas que puestos de trabajo, dando como resultado bajas. Además, a algunos miembros del personal pueden no gustarles los cambios y pueden marcharse. Entonces, se convierte en un aspecto a valorar en cuanto a la retención del personal.

La situación económica

Las situaciones económicas afectan a la renovación y a la retención de los empleados. En tiempos de dificultades económicas o de una recesión con un crecimiento del desempleo, el personal permanecerá con un director, aunque no esté contento y sea potencialmente improductivo. Cuando la situación económica mejora, entonces puede marcharse. Si la economía es fuerte, con múltiples oportunidades laborales, algunos trabajadores pueden verse tentados a marcharse, añadiendo problemas a la retención del personal.

El mercado laboral y la composición de los trabajadores

El mercado laboral es un término que engloba a todas las personas legalmente capaces de trabajar, independientemente de si lo hacen o si buscan un empleo. El mercado laboral es adónde se dirigen los empresarios cuando necesitan personal nuevo. Es necesario que tenga en cuenta la escasez de empleo y de capacidades, aspectos demográficos, proporción de personas dentro y fuera del trabajo, temas regionales, perfiles de edad, equilibrio de sexos, disponibilidad de empleados a media jornada o temporales, competencia y ubicación geográfica de la empresa. Estas cuestiones son importantes y determinarán si el personal que desea está disponible, y pueden ayudar a explicar el porqué de la marcha de algunos de sus empleados. En muchos países, el mercado laboral está cambiando. En algunos, hay más mujeres entre los trabajadores, una población más mayor, una tasa de desempleo elevada e individuos preparados para aceptar trabajos a media jornada. Sin embargo, en muchos casos de plazas vacantes se están mostrando dificultades para ocuparlas, incluso en zonas con mucha desocupación, porque el personal potencial no tiene las capacidades requeridas. Los empresarios tienen que ser conscientes de los cambios en el mercado laboral y actuar, si desean retener a los miembros clave de su personal. También deben tener en cuenta qué potencial quieren que tengan los nuevos trabajadores en tiempos de elevada competencia, ya que muchos pueden no aceptar el trabajo porque no les gustan las condiciones y el horario. Cuando existen estas dificultades, los empresarios pueden realizar múltiples acciones, entre las que destacan:

- Competir más agresivamente en cuanto a las iniciativas de contratación, el salario, la imagen de la compañía, etcétera.
- Proporcionar más preparación y acceso a ella o a las oportunidades de reciclaje.
- Mejorar la utilización del personal existente y/o fijarse en la reducción de pérdidas.
- Centrarse en la composición de los trabajadores –puede ser útil que sea muy diversa.
- Prestar atención a la contratación y a la retención de todo el personal, sobre todo a las mujeres y a los empleados más mayores.

Capacidades y escasez de habilidades

Una empresa cuyo personal tiene las capacidades adecuadas tiene, potencialmente, más ventajas frente a la competencia. La falta de capacidades está provocada por cambios en:

- la naturaleza del trabajo.
- la tecnología.
- las capacidades requeridas por las empresas.
- la demografía.
- la composición de los trabajadores.

Los empresarios tienen que darse cuenta de la escasez general de personal con talento y calificado y cómo esto les afecta. Existen evidencias de falta de capacidades en muchos países y sectores, incluyendo tanto los nuevos como los tradicionales. Debe determinar si hay una falta de trabajo o una de conocimiento y experiencia. En algunas compañías, una falta de inversión en aprendizaje, cursos de preparación inicial, educación, preparación y desarrollo, junto con una imagen deficiente de algunos trabajos, han tenido como resultado una falta de capacidades y que haya personas que no entren en ciertos sectores. La multiplicidad de capacidades proporciona habilidades generalistas, aunque no muy especializadas, y puede provocar que se recurra a subcontratos, horas extra y miembros temporales de personal. Retener a empleados profesionales puede ser estratégicamente importante a causa de sus capacidades. Los empresarios tienen que enfrentarse a los problemas de habilidades y no sólo a la marcha de trabajadores. La retención es importante debido a la diferencia entre la demanda y la oferta del personal capacitado.

Si se encuentra con una falta de capacidades, debería plantearse las siguientes preguntas para descubrir qué puede hacer como empresario:

- ¿Se ve afectado por una escasez de recién licenciados?
- ¿Puede establecer relaciones con universidades y escuelas universitarias?
- ¿Puede preparar al personal existente para que tenga las capacidades necesarias, por si se da una situación de escasez?
- ¿Cuántos graduados están disponibles?
- ¿Poseen las capacidades que precisa?

Aspectos demográficos

Los empresarios tienen que comprenderlos y darse cuenta de cómo afectan a su compañía. Las empresas tienen que anticipar y reaccionar frente a los cambios demográficos que los países experimentan para conseguir alejarse de fuentes de trabajo y métodos laborales tradicionales para conquistar otros más modernos. El tipo de población que tiene un país es importante.

- *Población joven*: muchas personas menores de 20 años; índices de natalidad y de mortalidad elevados; pocos adultos y muchos jóvenes sin empleo.
- *Población adulta*: un descenso de los índices de natalidad y mortalidad; gran proporción de adultos; mercados laborales extensos.
- *Población mayor*: un aumento del número de personas de más de 60 años; pocos niños; un descenso de los trabajadores disponibles.
- *Disminución de la población*: índice de natalidad muy bajo; porcentaje elevado de personas mayores, que pro-

vocan finalmente un descenso de la población; número de trabajadores insuficiente.

Si existen demasiados jóvenes que entran en los mercados laborales, las empresas tienen que considerar la adopción de políticas familiares agradables, de trabajos a tiempo parcial –que no dependan de la edad–, así como también asegurar recursos humanos eficaces y una planificación de la sucesión. Los cambios demográficos requieren que las empresas examinen críticamente la composición de su plantilla, así como los siguientes aspectos, que pueden afectar a la retención de personal:

- Perfil de edad.
- Número de graduados.
- Número de mujeres y/o de mujeres que se reincorporan.
- Número de recién licenciados.
- Mezcla cultural y étnica.

Variaciones regionales

La necesidad de centrarse en la retención de personal puede variar entre regiones, así como entre países. En ciertas zonas de cualquier país, puede haber escasez de algunas capacidades y, en consecuencia, empresarios que compiten por el mismo personal. Sin embargo, también puede haber zonas con elevado desempleo en las que la retención no es un aspecto a tener en cuenta.

Gestión del conocimiento

Está relacionada con retener y compartir conocimiento y experiencia. La competencia basada en el conocimiento está aumentando, y la retención de personal resulta más importante cuando éste tiene un conocimiento específico, experiencia y capital intelectual. ¿Qué valor le concede al conocimiento? ¿Puede permitirse perderlo?

Cambiar la naturaleza del trabajo

Tradicionalmente, la gestión del personal se ha relacionado con la planificación, la contratación, la selección, la incitación, la preparación, el desarrollo, la recompensación y la retención. A causa de fusiones, adquisiciones, compras, cambios tecnológicos o empresariales, la vida de las compañías ya no es tan predecible. Sin embargo, todavía se necesita personal, pero ¿cómo se puede tratarlo eficazmente para incrementar el compromiso y la actuación? ¿Qué políticas prácticas se pueden poner en marcha para asegurar el compromiso y la retención de personal, sobre todo cuando no se puede garantizar el empleo a largo plazo? Poseer una cultura empresarial y unos valores es importante, junto con una ética laboral, una lealtad y cómo los directivos tratan a sus empleados. Muchas empresas se refieren a su plantilla como capital humano por el conocimiento y la experiencia que les proporcionan. Se cree que las personas marcan la diferencia del éxito de una empresa y añaden valor. Es importante comprender cómo la naturaleza del trabajo se diferencia de la de nuestros padres y abuelos, así como también entender cómo ha cambiado a lo largo de los últimos años. El trabajo está en un cambio continuo en algunos de los diferentes aspectos, que tienen implicaciones en la retención de personal:

- Flexibilidad.
- Prácticas laborales.
- Tecnología.
- Contratos.
- Inteligencia emocional.

Flexibilidad

Se puede entender de diferentes modos:

- *Flexibilidad funcional o de labores*: el personal tiene

que ser capaz de realizar diferentes trabajos y de servirse de una variedad de habilidades.

- *Flexibilidad numérica*: número de personal dentro de la empresa, uso de contratos a corto plazo, horarios a media jornada, subcontratación, etcétera.
- *Flexibilidad temporal*: una variación de las horas laborables como resultado de la demanda cambiante y del uso de horarios flexibles.
- *Flexibilidad salarial o financiera*: pagas individualizadas y sistemas de premios basados en actuaciones. Aléjese de las estructuras de pago estandarizadas.

Si los empresarios utilizan la flexibilidad numérica, deben plantearse cuidadosamente qué empleados desean conservar como clave antes de subcontratar o adoptar formas de trabajo flexibles, como por ejemplo la media jornada, el trabajo desde casa o la repartición del trabajo. El personal temporal puede aumentar la renovación y disminuir la eficacia y los beneficios de la empresa. Ésta necesita algunos trabajadores permanentes, pero puede utilizar una gran variedad de empleados diferentes y agencias, que proporcionan una base no permanente.

Muchas compañías, anticipando cambios en el tamaño, la estructura y la composición de sus trabajadores, que experimentarán en los próximos años, están introduciendo prácticas laborales más flexibles y cambios, que comprenden los siguientes aspectos:

- Variaciones en la composición del personal.
- Más personal a tiempo parcial y flexible.
- Incremento de la responsabilidad individual (requisi-

tos de preparación y desarrollo, incremento de la importancia de la motivación, gestión de las actuaciones).

- Un porcentaje menor de personal pero más capacitado.
- Horarios laborales y lugares de trabajo diferentes.
- Beneficios flexibles y recompensas.

Prácticas laborales

Existen variaciones importantes en las prácticas laborales, que suelen requerir flexibilidad individual y responsabilidad, así como trabajo en equipo. Las empresas con poca jerarquía pueden darles una mayor responsabilidad y autonomía a su personal y, a menudo, pueden mejorar la retención y la comunicación. Sin embargo, también pierden las oportunidades de ascenso vertical y pueden contribuir a la marcha de algunos trabajadores.

Tecnología

La tecnología, como los ordenadores, el e-mail e Internet, está cambiando tanto la forma de trabajo de las personas como el sitio donde trabajan. Ha sido responsable de cambios de trabajo específicos, como el de las secretarias, y reduce la cantidad de papeleo y deberes administrativos asociados con muchos otros puestos. El uso del correo electrónico también ha contribuido a mejorar la comunicación entre todo el personal, sin tener que pensar dónde están trabajando. También ha permitido que algunas personas trabajen mientras viajan, o lo hagan desde casa. Esto puede tener beneficios para el personal y para los empresarios, y mejorar la retención de plantilla.

Trabajo tradicional	Trabajo flexible
Jornada completa.	Media jornada, repartición del trabajo.
Realizado bajo las premisas de los empresarios.	Tareas que se pueden realizar desde casa o entre casa y la empresa.
Jornadas normales de nueve horas y cinco días.	Horario variado/flexible.
Personal a media jornada, visto como menos comprometido, más difícil de retener y no tan válido como el personal a jornada completa.	El personal a media jornada es considerado igual que sus compañeros.
Derechos y beneficios diferentes para el personal a jornada completa y a tiempo parcial.	Derechos iguales (o equivalentes) para el personal a jornada completa y a tiempo parcial.

Contratos

También están cambiando, ya que se le da más poder al personal que en el pasado. Los contratos tradicionales se basaban en la confianza y la lealtad, pero estas actitudes se han erosionado a causa del *downsizing* y los cambios. Los nuevos contratos están basados más en los individuos que negociados colectivamente. La relación entre la empresa, el trabajo y los miembros individuales de la plantilla forman el contrato psicológico. Estos contratos tienen que cubrir diferentes expectativas respecto al comportamiento, las actitudes, los sentimientos, el trato y la relación entre empresario y empleado.

Inteligencia emocional

Este concepto está relacionado con el reconocimiento de los propios sentimientos y de los de los demás y la gestión eficaz de las emociones y las relaciones. Los directivos con poca inteligencia emocional pueden no reconocer el valor de su personal e intentar controlarles, mientras que los que la poseen en elevada proporción reconocerán que los empleados tienen sus propias necesidades, y tenderán a ser capaces de relacionarse con ellos más fácilmente y ser más tolerantes. Están más dispuestos a delegar, son abiertos, ofrecen *feedback* y, por tanto, son capaces de retener al personal.

Conclusión

Hoy ha aprendido qué es la retención de personal. Ha podido observar que:

- La retención del personal consiste en conservar aquellos miembros del personal que son más interesantes.
- Los trabajadores eficaces son importantes para el éxito de una empresa.

- Las empresas están cambiando y se ven afectadas por varios factores diferentes.
- La naturaleza del trabajo también está variando con un incremento del trabajo flexible y cambios en las prácticas laborales.

¿Cómo sabe que tiene un problema?

En el capítulo de hoy vamos a analizar:

- Valoraciones y medidas.
- Índices de movimiento/renovación de personal.
- Estabilidad e índices de retención.
- Otras valoraciones y medidas.

Las empresas deben reconocer en primer lugar que tienen un problema, comprender qué es lo que lo causa y, finalmente, actuar. Tiene que realizar una pausa y plantearse:

- Identificación de problemas.
- Análisis.
- Estudiar las razones.
- Soluciones/Recomendaciones.
- Apreciar y revisar el éxito de las soluciones/recomendaciones.

Examinar el pasado y el presente puede proporcionar claves para saber cómo actuar en un futuro. Hay que comprender las causas de la renovación de personal para implementar soluciones y mejorar la retención. Cuestiónese las preguntas siguientes antes de empezar:

- ¿Por qué algunas personas no quieren trabajar para su empresa?
- ¿Por qué algunas personas rechazan/no aceptan ofertas de trabajo?
- ¿Qué es lo que atrae a algunas personas a unirse en algunas compañías como nuevos miembros del personal?
- ¿Por qué algunas personas continúan permaneciendo en una empresa?
- ¿Cómo puede descubrir por qué se marchan los empleados?
- ¿Cómo puede prevenir la marcha del personal o disminuir los índices?
- ¿Qué es lo que provoca el movimiento de personal?
- Pregúnteles a los empleados qué es lo más importante para ellos.

Valoraciones y medidas

Tiene que acumular información respecto a las personas que quieren marcharse o que ya lo han hecho, así como de las que se quedan en la compañía, para comprender sus razones y lo que puede hacer para mantener al personal. Debe hablar con los empleados potenciales, actuales y antiguos para obtener una imagen adecuada.

Es necesario que las personas que tienen responsabilidades dentro de las empresas valoren dónde se encuentran, qué problemas tienen y adónde quieren llegar, antes de poner en práctica las soluciones y estrategias para lograr los objetivos y tener éxito. Existen múltiples valoraciones y medidas diferentes que se pueden utilizar para medir la renovación de personal, la moral, la retención de los empleados y otros temas. Éstos incluyen:

- Encuestas de actitud.
- Absentismo.
- Actuación y recompensas.
- Desarrollo profesional.
- Entrevistas/Cuestionarios de salida.
- *Benchmarking*.
- Análisis de riesgos.

Encuestas de actitud

También se conocen como encuestas de opinión, y valoran las actitudes y percepciones del personal respecto a su trabajo y a la empresa o director. Suelen utilizarse cuando las compañías empiezan a ver sus problemas o dificultades y tienen que comprender por qué suceden, ya que pueden identificar los factores importantes. Algunos empresarios también llevan a cabo encuestas regularmente para obtener *feedback* positivo y negativo de su personal. Éstas proporcionan datos actualizados sobre cómo se sienten los empleados, demuestran el interés de la gestión y ofrecen oportunidades de mejora y de desarrollo futuro. Las encuestas de actitud incluyen entrevistas personales, discusiones de grupo o cuestionarios, y pueden ser generales o muy concretas. Se utilizan para obtener información sobre:

- La gestión y el liderazgo.
- La comunicación, los valores, las misiones, las estrategias y las visiones.
- Las estructuras organizativas.
- Las políticas, procedimientos y administración.
- Planificación, incluyendo el establecimiento de objetivos y valoraciones.
- Motivación y compromiso del personal, incluyendo el estado anímico.
- Relaciones e interacciones con los otros.
- Implicación del personal y reconocimiento.
- Toma de decisiones y autorizaciones.
- Aprendizaje, preparación y desarrollo.
- Satisfacción de los empleados: condiciones, facilidades, servicios, seguridad laboral, salario y beneficios.
- Clima y cultura de la empresa.

Todos los temas anteriores son importantes en relación

con la retención de personal. Sin embargo, las encuestas de actitud tienen que planificarse cuidadosamente si se quiere que tengan éxito. Ante todo, el propósito y el contenido de la encuesta debería ser claro, tanto para los empresarios como para los trabajadores a los que habrá que entrevistar. Entonces, debería plantearse la preferencia de cuestionarios respecto a los contactos personales. Los primeros son útiles cuando el número de empleados es muy elevado, pero las entrevistas y las discusiones en grupo generarán una información diferente. Una combinación de ambos es posible y útil. Cuando utilice un cuestionario, debería dedicar un tiempo a escribirlo, diseñarlo y dirigirlo para evitar ambigüedades. También debería:

- Reducir la longitud de los cuestionarios tanto como pueda y preservar su confidencialidad.
- Utilizar diferentes niveles de apreciación –como: muy de acuerdo, de acuerdo, en desacuerdo, muy en desacuerdo–, a través de tests de varias opciones; las preguntas con un final abierto son mucho más difíciles de comparar.
- Tener en cuenta los niveles temporales y el momento en el que se realizan las encuestas; si el lugar de trabajo está muy solicitado, la información puede ser limitada.
- Plantearse a qué personas va a presentar la encuesta, ¿a todo el mundo o a una representación?

Las discusiones de grupo suelen comprender a un mediador y, aproximadamente, a ocho empleados. Los mediadores plantean preguntas como las siguientes:

- ¿Por qué permanecen en la empresa?
- ¿Por qué se marcharían?
- ¿Por qué se marchan los empleados?
- ¿Por qué las personas se unen a la empresa?
- ¿Cómo puede contratar la empresa al personal?
- ¿Cómo puede retener a sus trabajadores?

Una vez que se hayan completado las encuestas, es importante saber qué va a hacer con los resultados. En primer lugar, la información debe analizarse, lo que puede hacerse mediante ordenadores. A continuación, los resultados deben compartirse con los empleados. Puede hacerlo a través de una presentación formal, el e-mail, pequeños grupos, informes. Asegúrese de que la encuesta tiene alguna consecuencia, ya que una acción demuestra el compromiso de los directivos. Puede darse que haya un cambio de prácticas y políticas. Si no va a realizar ningún paso, entonces no realice las encuestas. Deberían producirse en intervalos regulares para permitir comparaciones a lo largo del tiempo, integrarse en el proceso de comunicación de la compañía y reflejar su cultura.

Si el personal existente completa las encuestas, así como los que posiblemente abandonarán la empresa y los que ya lo han hecho, la información se puede comparar. Esto ayuda a identificar y explicar las causas del movimiento de personal. Comprenderlo y hacer algo al respecto puede ayudarle a mejorar la retención de los trabajadores.

Absentismo

La retención de personal se puede relacionar con la ausencia. Los empleados que están ausentes con frecuencia pueden considerarse como si se hubieran marchado. Pueden estar descontentos con su trabajo, con las condiciones laborales, con los colegas o los directivos, estresados –y puede ser que estén acudiendo a entrevistas laborales–. Es importante controlar las cifras de la ausencia semanalmente, mensualmente y anualmente, conducir entrevistas para una reincorporación en el trabajo e intentar determinar las causas de la ausencia. Plantéese los estímulos para la asistencia y las consecuencias de ausencias frecuentes e inaceptables.

Actuación y valoración

La información sobre las actuaciones y la productividad pueden poner en relieve temas relativos al estado de ánimo del personal. La actuación de un equipo, de un grupo o de la empresa puede ser un indicativo de la satisfacción laboral y de si los trabajadores pretenden irse. Las valoraciones pueden proporcionar información sobre actuaciones individuales, actitudes y percepciones. Les ofrecen a los directivos la oportunidad de sentarse con sus subordinados directos y discutir temas como la motivación, el desarrollo de la carrera, la comunicación, el reconocimiento, el establecimiento de objetivos, el aprendizaje, la preparación y la educación. También se puede conversar sobre la satisfacción laboral, las condiciones, la seguridad laboral, las relaciones con los demás, el salario y los beneficios.

El desarrollo de la carrera

Las entrevistas y/o los cuestionarios sobre el desarrollo de la carrera son útiles para los altos directivos, los especialistas en recursos humanos y para que la empresa decida qué personal quiere conservar y cuáles son sus aspiraciones laborales. Pueden ayudarle a predecir quién es probable que se quede o que se vaya; si los trabajadores tienen unos deseos específicos que la compañía no puede cumplir, entonces es posible que se marchen. Los cuestionarios y las entrevistas sobre el desarrollo de la carrera suelen incluir las siguientes preguntas:

- ¿Qué puesto ocupa? ¿En qué sector trabaja?
- ¿Qué otras funciones ha desarrollado?
- ¿Cuántos años lleva trabajando en el sector?
- ¿En qué otros sectores ha trabajado?
- ¿En su trabajo actual tiene un contrato a tiempo completo, a media jornada, indefinido u otros?
- ¿Cuándo empezó con su trabajo actual?

- ¿Cuándo intentó dejar su empleo actual?
- ¿Cuántas veces ha cambiado de trabajo durante su vida laboral, incluyendo promociones internas?
- ¿Cuántos cambios han sido debidos a ascensos?
- ¿Qué factores influyeron su último movimiento –por ejemplo, desempleo, ascenso, reestructuraciones, relaciones con colegas y directivos, cambio de carrera, equilibrio trabajo-vida, un trabajo más interesante, salario y recompensas, trayecto/ubicación de la empresa, estrés/aspectos de salud, etcétera?
- ¿Se siente satisfecho con su carrera actual? ¿Qué factores influenciarán su siguiente movimiento?
- ¿Está contento con su puesto actual y las oportunidades que le ofrece su jefe actual?
- ¿Está conforme con el equilibrio entre su trabajo y su vida laboral?
- ¿Qué factores del trabajo son importantes para usted: el horario laboral, el salario y beneficios, la seguridad laboral, los ascensos, que sean trabajos más interesantes y desafiantes, que disponga de capacidad para tomar decisiones, la gente, la empresa?
- ¿Su empresa ofrece alguna ayuda y soporte en la gestión de su carrera? ¿Qué le gustaría que le proporcionaran?
- ¿Cuándo fue la última vez que actualizó su CV? ¿Realizó una entrevista o un test de evaluación?

No todas las empresas harán todas estas preguntas a cada momento. Sin embrago, si una compañía está preocupada de verdad por sus empleados, les pasará los cuestionarios, para que los devuelvan anónimamente, como práctica habitual para estudiar las actitudes del personal. También pueden sentar la base de las discusiones entre directivos y trabajadores.

Cuestionarios/entrevistas de salida

Éstos proporcionan datos sobre por qué se marchan los empleados y pueden identificar algunos problemas y causas relacionadas. Es necesario llevarlos a cabo adecuadamente y llevan tiempo. La información tanto de las entrevistas como de los cuestionarios debería estudiarse confidencialmente y no identificar a las personas. Las entrevistas de salida debería realizarlas una persona independiente –un especialista en recursos humanos, una persona de otro departamento o un asesor con experiencia en este campo– y no el superior inmediato. Pueden ofrecer la ocasión de que la persona que se va de la empresa cuente alguna cosa que de otro modo no habría dicho, pero también pueden colocarles bajo presión. Pueden ser más útiles si se realizan en un lugar externo al entorno laboral. Idealmente, deberían tener lugar cuando una persona rescinde su contrato o justo antes de que se marche. Al final de la entrevista (si no se puede persuadir a la persona para que se quede), deséele buena suerte, agradézcale sus servicios y anúnciele que espera o que le gustaría volver a trabajar con ella en un futuro –si realmente quiere conservarla.

Los cuestionarios son parecidos a las entrevistas y se pueden utilizar cuando éstas resultan imposibles o inadecuadas. Permiten que los individuos respondan a su manera y a su ritmo, pueden ser anónimos y, en consecuencia, pueden ser más reveladores. Deberían realizarse algunas semanas después de que la persona se haya marchado.

Las entrevistas/cuestionarios pueden determinar algunos problemas o las razones de la marcha y también pueden ofrecer información sobre los competidores. No obstante, no deberían utilizarse aisladamente y se necesita otra información. No son completamente fiables, ya que las personas que se van no serán siempre honestas ni se lo contarán todo. El personal dará una información limitada si:

- Quiere volver a la compañía más adelante.
- Siente que las referencias se verán afectadas por lo que diga.
- Es demasiado educado.
- No le importa mucho la empresa.
- Se va por razones que cree que son demasiado delicadas como para discutirlas abiertamente (intimidación, acoso).

Formulario de la entrevista de salida/cuestionario

Nombre .... Puesto actual .... Departamento/ubicación..................

Horas de trabajo .... Salario (por semana/al año) .... Jefe ....

Edad .... Sexo .... Grupo étnico ....

Fecha de inicio .... Fecha de salida ....

Trabajo en la empresa

1. ¿Por qué quiso trabajar en esta empresa?
2. ¿Cuáles han sido los mejores y los peores aspectos?
3. ¿Qué le gustaría cambiar y por qué?
4. ¿Qué le animaría a quedarse, si hay algo?

Razones de la marcha

Por favor, indique la(s) principal(es) razón(ones) de la marcha:

Mejora personal/ ascenso	☐	Incitación inadecuada	☐
Desinterés por el trabajo/ aburrimiento/ insuficiencia de retos	☐	Insatisfacción con las condiciones o el entorno laboral	☐
Falta de preparación y desarrollo	☐	Disconformidad con el horario	☐
Insatisfacción con el salario	☐	Incomplacencia con los beneficios	☐
Dificultades de movimiento	☐	Mal ambiente con los colegas	☐
Cambios de circunstancias personales	☐	Exceso de trabajo/ estrés	☐
Insatisfacción con el líder del grupo o el jefe	☐	Falta de oportunidades de ascenso y de crecimiento profesional	☐
Responsabilidades familiares	☐	Otras (por favor, especifíquelas)	☐

¿Ha obtenido un nuevo trabajo? Si la respuesta es afirmativa:

Nombre de la empresa .... Ubicación .... Puesto ....

Salario .... Horario .... Otros beneficios..............................

Si la respuesta es negativa:

Sigue estudiando	☐	Autoempleo	☐
No trabaja	☐	Otros (por favor, especifíquelos)	☐

A completar por un representante de la empresa

Nombre y puesto del entrevistador ....

¿Recontrataría a este empleado?.............................. Fecha de la entrevista...

Compare la información de las encuestas de los empleados que se han marchado de la empresa con la de los que todavía trabajan en ella. Utilícela para anticipar los problemas y para continuar adelante. Recuerde que acumular datos es útil, pero debe analizarlos para establecer tendencias. Compare las respuestas de los trabajadores a media jornada con los de jornada completa, la edad, el sexo, el servicio ofrecido, etcétera.

En algunas ocasiones, es útil contactar con antiguos empleados que se hayan marchado en los últimos meses (entre 6 y 18) y a quien la empresa habría querido conservar. Estos contactos, que se realizan mediante una entrevista o un cuestionario telefónico, los suele realizar una persona independiente para asegurar la confidencialidad. Su objetivo es identificar las causas clave de la renovación de personal, utilizando una variedad de datos y recomendando acciones para aumentar y mejorar la retención de la plantilla.

Benchmarking

Cuando existe un movimiento de empleados y retenerlos es difícil, el *benchmarking* se suele tener en cuenta. Es un proceso que consiste en medir y examinar críticamente procesos, prácticas, sistemas, actuaciones y números respecto a otros departamentos internos, unidades empresariales y/u otras empresas. Se establecen puntos de referencia con los que se pueden realizar las comparaciones. O sea que ¿con quién debería compararse y cómo?

- Compárese con las mejores empresas, después con la mejor en la industria/sector y finalmente establezca comparaciones internas.

- Utilice encuestas del sector, entrevistas a los clientes o proveedores, reuniones con profesionales y entrevistas personales.
- Compare el movimiento de personal, el absentismo, el salario, las recompensas y la retención de los empleados. Tenga cuidado: puede ser que los datos no le proporcionen toda la información necesaria. Tiene que examinar críticamente y analizar las prácticas de las empresas con las que se está midiendo.
- El *benchmarking* y la recopilación de información le permiten aprender de la experiencia y conocer a los demás para poder mejorar.
- Debe comprender perfectamente cómo funciona su empresa, sus problemas y prácticas antes de compararla con otras, y luego aplicar el conocimiento y la información.
- Este proceso no debería servir para tomar soluciones precipitadas. Requiere una preparación detallada y eficaz.
- Una mala comparación, una falta de preparación o de reacción como resultado del *benchmarking* causará unos resultados escasos o una falta de éxito.

Análisis del riesgo

Contratar y conservar al personal puede ser un negocio muy arriesgado. Invertir en empleados que luego va a perder cuesta tiempo y gasta recursos. Tiene que considerar quién es más o menos probable que se vaya a marchar. Es posible determinar el riesgo identificando y analizando algunos aspectos. El análisis del riesgo revisa las oportunidades, las consecuencias y el impacto sobre la empresa de que alguien se marche. Cuando el impacto es bajo, el problema no es importante, aunque puede seguir costándole dinero y teniendo un efecto negativo en la moral de los empleados. Sin embargo, cuando el impacto es elevado, tiene que tener más en cuenta la marcha de los empleados y la empresa tiene que centrarse en la retención de personal. El análisis tiene más importancia cuando las oportunidades de que se vayan los trabajadores son elevadas. Los empresarios deberían reconocer que la marcha de personal afecta a las personas que se quedan y que puede incrementar el movimiento de empleados y los gastos.

- ¿Qué pasaría si un miembro concreto del personal se marchara de su empresa?
- ¿Cuáles son las posibilidades de que esto ocurra? ¿Elevadas, normales o bajas?
- ¿Existe una relación entre las calificaciones, la experiencia, el servicio ofrecido, etcétera, y la posibilidad de que se marchen?
- ¿Qué implicaciones tendría para la empresa que un miembro en particular se fuera?
- ¿Sería muy seria la pérdida?
- ¿Le sería fácil encontrar una sustitución?
- ¿Cuáles serían los efectos sobre la producción/clientes si la persona se uniera a la competencia?

Diversos factores influyen en la posibilidad mayor o menor de que un trabajador se marche de la empresa. Los más destacables son:

- Calificaciones académicas altas.
- Infelicidad con la vida en general.
- El equilibrio entre el hogar y el trabajo es negativo.
- Contrato psicológico bajo.
- Demostraciones de poco compromiso.
- Nivel alto de implicación en casa y bajo en el trabajo.
- Deseo de una mayor participación directa.

Índices de renovación de personal

La renovación de personal está estrechamente relacionada con su retención y puede destacar las áreas problemáticas. El movimiento implica a las personas que empiezan y a las que se marchan en una empresa, incluyendo las marchas voluntarias e involuntarias. Para la retención de los empleados, realmente necesita centrarse en las voluntarias. La renovación, y el impacto que tiene para la empresa, se puede medir y analizar de muchas maneras distintas.

$$\frac{\text{Número de empleados que se marchan en un período determinado (por ejemplo, al mes, al trimestre o al año)}}{\text{Media de empleados que trabajan en la empresa durante el mismo período}} \times 100$$

(La media de los empleados que trabajan durante el mismo período se puede calcular sumando el número de trabajadores que están al principio y al final del período y dividirlo entre dos.)

Ejemplo		
Número de trabajadores que se van	12	
Media de empleados	60	
Renovación de personal	$\frac{12}{60} \times 100$	= 20%

Estas cifras no muestran una visión precisa del personal que se despide. Incluyen los despidos, las rescisiones de contrato, los jubilados o los parados. El porcentaje solamente no es suficiente para comprender el problema, porque se incluyen todas las bajas. Ofrece información pero disimula las causas reales. Una cifra general baja de un año que se compare con el anterior puede incluir un aumento de movimiento voluntario si el involuntario se ha reducido. Siempre que sea posible, intente utilizar los datos para las personas que se marchan voluntariamente, ya que este grupo es el más importante a la hora de tener en cuenta la retención, y el único sobre el que los trabajadores tienen menos control. Idealmente, debería examinar los datos basándose en:

- El puesto/trabajo/grado.
- El número de horas de trabajo (media jornada o completa).
- El departamento.
- La ubicación geográfica.
- El servicio ofrecido.
- La edad.
- El sexo.
- Los estudios, calificaciones, graduaciones.

En algunas ocasiones, la distancia hasta el trabajo, la época del año y las obligaciones también pueden ser importantes. Revisar datos específicos contribuye a explicar los problemas y a determinar por qué se marchan los empleados. Quizá la renovación elevada no sea un problema universal, pero puede restringirse a un trabajo, una sección o a un servicio. Tiene que evaluar las tendencias y fijarse atentamente en la información que obtenga. El movimiento de personal se debería analizar regularmente –cada semana, cada mes y cada año, si es necesario– para que pueda empezar a marcar las tendencias.

Debería hacerse las siguientes preguntas:

- ¿Cuál es el índice de renovación de personal normal para su empresa?
- ¿En el último año, ha aumentado, descendido o se ha mantenido igual?
- ¿Cree que es demasiado elevado, sorprendentemente bajo o inexistente en su empresa?

Revisar el movimiento de la plantilla, así como la información obtenida de las entrevistas y los cuestionarios, puede ser útil pero no sencillo. Las cifras pueden ser engañosas, por tanto debería examinar detalladamente todos los datos e información disponibles, y evitar precipitarse sacando conclusiones. Compárelas con las de otros empresarios, así como también con sus propios índices anuales. La renovación de personal conlleva gastos para la empresa; analizaremos este aspecto el sábado.

Índices de estabilidad y retención

Estudiar los índices de estabilidad ofrece la visión opuesta a la renovación de empleados y se centra en aquellos que se han quedado en la empresa y no en los que se han ido. Los índices de estabilidad y retención se pueden calcular entendiendo la empresa como un global, mediante grupos particulares o departamentos. Los índices proporcionan un indicador de cuántos trabajadores permanecen en una compañía así como un porcentaje de los que se van/se quedan. Vienen determinados por el número de personal contratado al principio de ese período temporal expresado como un porcentaje.

$$\frac{\text{Número de personal con un año mínimo de servicio}}{\text{Número total de personas contratadas el año anterior}} \times 100$$

En el ejemplo precedente sobre la renovación de personal, doce bajas podrían haber realizado doce trabajos diferentes o podrían haber hecho todos el mismo, pero sólo haberse quedado cuatro semanas. Es decir, puede haber pruebas del movimiento de personal, pero la mano de obra es prácticamente estable.

Número de personal que lleva un año al servicio de la empresa	55	
Contratados el año anterior	60	
Índice de estabilidad	$\frac{55}{60} \times 100$	$= 91{,}7\%$

Cincuenta y cinco trabajadores han estado empleados durante más de un año (y puede ser que haga mucho tiempo que están en la empresa) y por lo tanto el índice de estabilidad es 91,7%.

Las cifras sólo cuentan una versión de la historia, y se debería llevar a cabo un análisis, una interpretación y una consideración más extensa de las implicaciones.

Típicamente, esperaríamos encontrar las siguientes relaciones entre los índices de estabilidad y de renovación.

Índice de renovación	Índice de estabilidad	Implicación
Alto	Bajo	Movimiento elevado en la mayoría de puestos.
Alto	Alto	Movimiento elevado en un pequeño número de puestos.
Bajo	Alto	Mano de obra estable.
Bajo	Bajo	Posibles problemas con las cifras –recuento.

Otras valoraciones y medidas

Este apartado engloba aspectos como la implicación en equipos, los trabajos voluntarios, los índices de respuesta a las encuestas, los accidentes, las quejas, las tendencias de contratación y las huelgas. Todos reflejan cómo son las personas que integran la empresa. Auditorías específicas o valoraciones sobre el estrés también proporcionan información importante sobre cómo se sienten las personas. Los trabajos en los que hay presión y estrés potencial se deberían identificar. La información de la renovación de personal, de los horarios laborales, del absentismo, de las encuestas de actitud, de los accidentes y de las encuestas de satisfacción de los clientes también le ofrecerán detalles básicos que deberá tener en cuenta cuando se plantee el estrés. Los informes del personal pueden ser útiles en cuanto a los perfiles de edad, años de servicio, distancia de la vivienda al trabajo, y se pueden utilizar para analizar tendencias y comprender por qué algunos empleados se marchan, como el personal temporal. Las valoraciones y medidas de los gastos se tratarán el sábado. Valorar las políticas de recursos humanos y los procedimientos también es esencial. Plantéese los siguientes puntos:

- ¿Las políticas de contratación y selección encajan y cumplen con los deseos de la empresa?
- ¿Se utilizan los métodos de selección adecuados?
- ¿En qué consisten la actuación empresarial y las recompensas?
- ¿La empresa encaja en el mercado local?
- ¿Sabe motivar al personal?
- ¿Se evalúan la preparación y el desarrollo?
- ¿Cumple con los objetivos marcados?
- ¿Contribuye a la mejora de las personas y de la empresa?

Analizar los datos sobre los recursos humanos contribuye a planificar eficazmente estos recursos. Cuando ya los haya estudiado, valorado y medido, tiene que actuar y hacer algo respecto al problema.

Conclusión

En el capítulo de hoy se ha mostrado cómo valorar y medir el movimiento y la retención de personal:

- La información de las valoraciones y medidas debería estudiarse para empezar a comprender el problema y sus causas.
- Los datos deberían obtenerse del personal actual, antiguo y potencial para garantizar una visión adecuada.
- Se debería utilizar una media de valoraciones y medidas: encuestas de actitud, índices de ausencia, información de las entrevistas de desarrollo profesional, entrevistas/cuestionarios de salida, *benchmarking*, análisis de riesgos, índices de renovación de personal e índices de estabilidad y retención.
- Las entrevistas y los cuestionarios de salida son populares, pero no totalmente realistas.

¿Por qué algunos empleados se marchan de la empresa y otros se quedan?

En el capítulo de hoy determinaremos:

- Por qué se marchan los empleados.
- Por qué se quedan los empleados.
- La motivación y la satisfacción laboral.

Por qué se marchan de la compañía los trabajadores

Es importante plantearse por qué se marchan los trabajadores, ya que si comprende las causas podrá llevar a cabo algún paso para prevenir que otros también se vayan. Algunos de los métodos de evaluación que se explicaron el martes podrán serle útiles. Tiene que diferenciar entre la renovación voluntaria (elección personal) y la involuntaria (dimisiones, desempleo), ya que para la retención de personal lo esencial es la renovación voluntaria. Las razones de la marcha pueden ser tanto internas como externas a la empresa y pueden variar entre grupos de empleados e individuos. Los individuos son diferentes y tienen necesidades diferentes. Los factores externos, incluyendo aspectos como la escasez de aptitudes en el mercado laboral y el coste de vida en grandes ciudades, pueden ser mucho más difíciles dc controlar. Los factores internos son más sencillos de dominar y rectificar, pero los empresarios deben afrontar las causas/problemas. Las razones de marcha también pueden considerarse como factores negativos y positivos. Los negativos son internos a la empresa, se suelen centrar en la insatisfacción e incluyen aspectos como crisis de motivación, presiones laborales, cambios de trabajo y marchas para evitar conflictos. Los positivos son atracciones externas a la empresa, como incrementos de salarios, oportunidades en la carrera, ascensos o trabajos más atractivos.

Normalmente, existen varios factores diferentes, complejos e interrelacionados, respecto a por qué se marchan los trabajadores y varían de importancia según las personas. Es más probable que se vayan los empleados insatisfechos y no comprometidos. Es imprescindible establecer las razones de esta marcha y, en consecuencia, definir un plan de acción.

A continuación, vamos a considerar los siguientes factores con más detalle:

- Políticas y procedimientos de la empresa.
- Contratación y selección.
- Preparación y desarrollo.
- Satisfacción laboral.
- Valoración, *feedback* y reconocimiento.
- Desarrollo profesional y promociones.
- Dinero, recompensas y beneficios.
- Estrés.
- Gestión y supervisión.
- Relaciones con los demás.
- Factores personales, de salud y domésticos.
- Factores externos.

Políticas y procedimientos de la empresa

Las políticas de recursos humanos escasas o inconsecuentes, las prácticas y procedimientos, los valores de la empresa, la cultura y el clima, los cambios organizativos y la turbulencia, una comunicación insuficiente: todos estos aspectos pueden ser razones por las cuales los empleados se marchen de la compañía. Las políticas personales, incluyendo los ascensos, la igualdad de oportunidades y las negociaciones, tienen que concordar con la cultura y los valores de la empresa. Ésta puede experimentar dificultades debido a su tamaño o tipo. Las pequeñas empresas pueden ser incapaces de llegar a los índices de salario o a las oportunidades de promoción ofrecidas por las grandes, mientras que las del sector público/gubernamental tienen dificultades para cumplir con las condiciones de las comerciales. En general, la relación laboral y el contrato psicológico son factores básicos.

Contratación y selección

Si existen dificultades para encontrar a personal nuevo y/o se da una escasez de aptitudes, algunos empresarios pueden nombrar a trabajadores que no sean adecuados y que se marcharán con bastante rapidez. Si no se proporciona información sincera y adecuada o una previsión realista del trabajo, entonces puede ser que los empleados también se marchen. El personal nuevo tiene expectativas cuando les nombran y si no se cumplen (o no son realistas), es poco probable que se queden. La renovación de personal puede estar causada por la incapacidad de relacionar al personal

con el trabajo adecuado, de manera que sus habilidades y experiencia no se utilicen eficazmente; por procesos de selección inadecuados; por nombramientos de personas erróneas; por la contratación de personal sobrecalificado, o por la contratación de demasiados trabajadores excepcionales a quienes no se les pueden proporcionar oportunidades de promoción.

Preparación y desarrollo

Estos aspectos son importantes para la incitación, la cultura laboral reforzada y para la preparación de habilidades. El personal nuevo necesita una animación adecuada no sólo para aprender el trabajo sino para encajar con el resto de empleados y la empresa. La preparación también es necesaria para el desarrollo y la promoción y requiere empresarios de soporte/líderes de grupo. El personal tiene que crecer dentro de equipos y se le tienen que ofrecer labores importantes para que pueda progresar. La falta de incitación, una preparación y desarrollo inadecuados o vagos son razones de marcha.

Satisfacción laboral

Este puede ser un término difícil de definir y tiene significados diferentes según las personas. Normalmente, se refiere al propio trabajo, a las condiciones laborales y al entorno y a las personas, así como también a las recompensas. Marca una pequeña diferencia si el trabajo no se adecua a las capacidades, ya que muchos trabajadores se ven influenciados por las mismas cosas:

- Falta de oportunidades interesantes (desperdicio de capacidades, trabajo aburrido, repetitivo, falta de variedad, un diseño escaso del trabajo).
- Demasiadas labores, demasiado trabajo y tiempo insuficiente.
- Trabajo demasiado difícil/demasiado sacrificado.
- Muy poco trabajo.
- Capacidades, habilidades y talentos que no se utilizan eficazmente.
- Falta de responsabilidad y de control respecto a las labores, escasez de autonomía.
- Inexistencia de seguridad laboral.
- Trabajar con personal poco calificado o con poco equipamiento.

Las horas de trabajo también pueden ser una fuente de insatisfacción para los empleados que deseen cambiar sus horarios y trabajar más o menos. El entorno y las condiciones laborales incluyen muchos aspectos diferentes –un lugar al que dirigirse durante los descansos, condiciones laborales seguras y sanas–, y se pueden presentar como un problema, con accidentes, enfermedades y ausencias, antes de que se marche el personal.

Valoración, feedback *y reconocimiento*

Estas cuestiones tienen implicaciones para los empresarios y líderes de grupo y sobre la forma en la que dirigen a sus empleados. La falta de reconocimiento o evaluación de las actuaciones, sentirse infravalorado o no valorado y que no se aprecian los propios esfuerzos son áreas problemáticas. Las valoraciones están fuertemente relacionadas con la retención de personal, la actuación y la moral, y la falta de ellas puede provocar que el personal se vaya.

Desarrollo profesional y promociones

La falta de desarrollo personal y profesional, las oportunidades de promoción y crecimiento se suelen clasificar como razones por las que los empleados abandonan una empresa. La progresión profesional puede ser lenta, provocando que el personal busque promociones en otros lugares. Los trabajadores suelen hacer comentarios sobre la equidad y la justicia de las promociones y sobre sus relaciones con los responsables de estas promociones. El desarrollo profesional debería relacionarse con la gestión de valoraciones/actuaciones y con el asesoramiento profesional. Los sistemas profesionales inadecuados, la falta de preparación y desarrollo, que permitiría que las personas fueran consideradas para promociones, y la inconsistencia entre los diferentes directivos pueden ser áreas de frustración.

Dinero, recompensas y beneficios

Rara vez el dinero es el único motivo por el que el personal se despide de una compañía; suele formar parte de un problema mayor. Incluso si se ofrece más dinero a los empleados potenciales a la marcha de la empresa para que se queden, es poco posible que lo hagan. Muchos trabajadores que ganan sumas importantes de dinero son infelices en sus trabajos, mientras que algunos de los que cobran menos son más felices. Sin embargo, es inusual que los empleados se marchen para cobrar menos dinero y suelen negociar compensaciones más elevadas en otra empresa. El personal que se queda y el que se marcha se queja sobre el dinero y las recompensas, pero el segundo suele comentar que le pagan poco o no lo suficiente como para satisfacer sus necesidades. No se le paga por sus actuaciones o no se le recompensa por sus logros, y suele estar en desacuerdo con el salario y las condiciones.

Los empresarios tienen que considerar el coste de vida y de vivienda, que pueden variar según la región, y si el salario es bajo comparándolo con el que ofrecen los competidores. Así como el salario, los beneficios ilegítimos e injustos y los sistemas de compensaciones pueden ser fuentes de desagrado.

Estrés

Esta es una razón por la que algunos empleados cambian de trabajo. Varios factores contribuyen al estrés, aunque en dosis pequeñas puede ser útil. Es sólo cuando se trata de un estrés a largo plazo que surgen los problemas. Debería tener en cuenta:

- ¿Qué aspectos del trabajo podrían provocar altos niveles de estrés y duraderos? Una mala selección, la falta de preparación, la intimidación y el acoso, la escasez de conocimientos/capacidades y de competencias, presiones temporales y plazos irrealistas, un trabajo aburrido, la falta de administración, una gestión ineficaz, demasiado poco personal, relaciones vagas con los demás, gran renovación de personal, comunicaciones escasas, ambigüedad, inexistencia de control, clientes, ruido, una mala iluminación, conflictos entre la vida personal y laboral.

- ¿Cuáles son los trabajadores más susceptibles de sufrir estrés? Algunas causas de estrés se basan en las personas y son autoprovocadas –una mala gestión del tiempo, falta de prioridades.
- ¿Qué personal es incapaz de soportar la presión?
- ¿Los directivos y el resto de personal están haciendo lo suficiente como para prevenir el estrés?
- La necesidad de buscar signos de estrés: dolor de cabeza, de estómago, de espalda, lloros, tensión, malhumor, irritación, discusiones, comisión de errores, falta de entusiasmo, enfados fáciles, inexistencia de energía, cansancio, preocupación, problemas para dormir, depresión, comer compulsivamente, inflexibilidad, irracionalidad, incapacidad de relajación.
- La necesidad de identificar las causas del estrés y dar los pasos necesarios.

Gestión y supervisión

Los directivos y los líderes de equipo pueden ser la causa por la que el personal se marche. Los factores importantes son: si se trata de personas débiles, incompetentes y con pocas cualidades; si están desinteresados por el personal, no les preparan, son injustos y hacen diferencias. Tiene que preguntarse si los directivos se preocupan de sus empleados, diseñan los trabajos adecuadamente y los utilizan con eficacia, o si realizan una contratación y unas decisiones de selección reducidas, ofrecen una incitación escasa y poca preparación, y si le están costando dinero a la empresa por no retener adecuadamente a los trabajadores. Revise las entrevistas de salida para tener en cuenta los comentarios, considere si en la experiencia de algunos empresarios existe una mayor renovación de personal que en la de otros y si hay más demandas de transferencia en algunos departamentos. Los conflictos entre empresarios y trabajadores suceden y pueden tener como resultado una escasez de relaciones en parte debido al estilo de administración y a la personalidad. Una falta de soporte y *feedback*, de dirección, sobre todo en lo que se refiere a los objetivos de actuación, ser inalcanzable y tener una comunicación limitada puede provocar que el personal se vaya. Los trabajadores tienen expectativas sobre la lealtad, la confianza, el *feedback*, la ayuda y el trabajo interesante para con sus líderes de equipo o jefes. No esperan que se les trate injustamente, se abuse de ellos, se les intimide o acose.

Relaciones con los demás

Del mismo modo que se desarrollan relaciones entre directivos y líderes de equipo, los empleados casi siempre trabajan con otras personas. Algunos prefieren hacerlo solos y a otros les gusta estar mezclados con más personal. Si tienden a no mezclarse o si tienen unas relaciones limitadas o algunos problemas, puede ser que se separen de la compañía.

Factores personales, de salud y domésticos

Del mismo modo que con el estrés, el personal a menudo utiliza la balanza entre su vida laboral y personal como una razón de partida. Las circunstancias, responsabilidades y compromisos, sobre todo relacionados con la familia, pueden provocar que algunas personas quieran gozar de más contacto con los suyos o de una mayor vida personal. El horario laboral, cuando por ejemplo es demasiado extenso, se trabaja por turnos y falta flexibilidad, puede causar problemas.

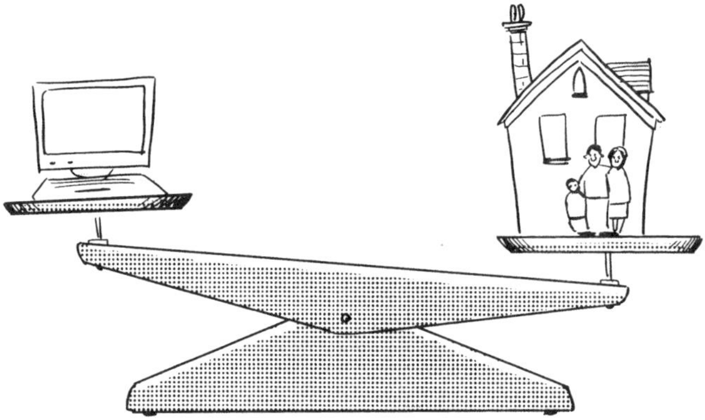

Trabajar fuera de casa durante largos períodos de tiempo puede provocar dificultades para planificar una vida personal. Trabajar en el extranjero, sea a corto plazo o sea semipermanente, excesivos viajes de negocios y conflictos a la hora de viajar para trabajar son factores importantes. Otras razones personales incluyen el embarazo, la salud, la vuelta a la educación y un cambio de trabajo, así como el coste de vida y de vivienda.

Factores externos

El ambiente externo, como una situación económica estable, puede proporcionar muchas oportunidades para el personal que quiera tener más experiencias o cambiar de trabajo. Puede ser que el personal sea cazado por otras empresas.

Por qué se queda el personal en la empresa

Lo que el personal quiere de su trabajo y el motivo por el que se quedan en la empresa variará potencialmente según las personas, los equipos/grupos, los líderes de grupo y directivos. Las razones por las que algunos empleados se quedan pueden ser la causa por la que otros se despiden. Suelen quedarse porque están motivados y tienen una satisfacción laboral. El porqué el personal permanece en la compañía depende de un gran número de factores:

- Problemas económicos, miedo a cambiar y demasiado a perder.
- Buenos salarios, beneficios y condiciones: pagas extraordinarias, horas extra, vacaciones, pensión, coche, seguro médico para los hijos.
- Seguridad laboral y estabilidad.
- Horarios laborales normalmente convenientes, flexibilidad horaria.
- Oportunidades para desarrollar su carrera, promociones y buenas perspectivas.
- Buena preparación y oportunidades de desarrollo; capacidad para expandir el conocimiento y las habilidades.

- Buena relación con los colegas y los directivos.
- Administración justa, competente y eficaz.
- Entorno simplificador, sentido de pertenencia, inclusión y, por tanto, una pérdida potencial de amigos.
- Capacidad de trabajar en equipo o de trabajar a solas, si es necesario.
- Respeto tanto como persona como profesional.
- Capacidad de dirigir, supervisar y tener influencia sobre las demás personas.
- Ubicación conveniente/facilidad de llegar al trabajo.
- Edad (cercana a la jubilación).
- Buen ambiente laboral y buenas condiciones de equipamiento y prácticas modernas.
- Objetivos claros y expectativas.
- Trabajo interesante, variado y motivador; capacidad de utilizar habilidades personales de forma eficaz.
- Reconocimiento de la contribución, apreciaciones y recompensas, o bien personales o bien en equipo; *feedback* y valoraciones.
- Autonomía y libertad personal/laboral; capacidad para tomar decisiones y resolver problemas; competencia para explorar nuevas ideas y ser creativo.
- Tamaño de la empresa –las pequeñas pueden ofrecer una mayor autonomía, un trabajo más motivador e importante y oportunidades de crecimiento; las grandes pueden ofrecer oportunidades de promoción y de crecimiento.
- Asociación con una empresa ética y con reputación –lealtad y compromiso respecto a los valores de la empresa.

Motivación y satisfacción laboral

Existe un fuerte vínculo entre la motivación, la satisfacción laboral y el compromiso y la intención de marcharse de una empresa, la renovación de personal y el aumento de la retención. Si se cubren las necesidades, se puede prevenir la renovación de empleados y aumentar la retención. Sin embargo, cuando los trabajadores no se sienten satisfechos pueden haber algunos signos obvios. Las personas que tienen responsabilidad respecto al personal tienen que ser conscientes de cuáles son estos signos y dar algún paso si ven alguna evidencia de:

- Absentismo.
- Mala distribución o desprecio del tiempo –llegar tarde, marcharse temprano.
- Relaciones laborales limitadas, falta de cooperación, quejas sobre los compradores, colegas o directivos.
- Actuaciones y nivel de trabajo bajo, sin alcanzar los objetivos ni cumplir con los plazos, realización de errores, decisiones incorrectas, ritmo de trabajo inaceptable.
- Fracaso para cumplir con las instrucciones.
- Irritación y estrés.
- Poco compromiso, moral baja.
- Alta renovación de personal.
- Problemas de disciplina.
- Gasto de talento.

Las diferencias individuales y las necesidades tendrán influencia, independientemente de que el personal esté satisfecho o no. Los directivos y líderes de equipo deben comprender estas diferencias e identificar lo que motiva y desmotiva a los empleados, y entender cómo pueden relacionarlo con su retención.

Gustos (Relacionados con la motivación)	**Desagrados** (Relacionados con la desmotivación)
Reconocimiento por el trabajo realizado.	Tasas de salario bajas.
Trabajo interesante y variado.	Condiciones laborales malas.
Responsabilidad.	Políticas y administración reducidas.
Logros.	Conflictos y relaciones interpersonales escasas.
Oportunidades de promoción.	Tecnología y equipamiento inadecuados.
Seguridad laboral.	Gestión/supervisión deficiente.

Existen muchas teorías sobre la motivación pero, aunque durante esta semana no habrá tiempo para estudiarlas, debería recordar que se trata de un aspecto que cubre diversas necesidades. Las necesidades básicas que explican por qué las personas trabajan y lo que hace que trabajen más y sigan progresando incluyen: éxito y reconocimiento, salario, sentido de pertenencia, capacidad de trabajar en equipo, entorno laboral saludable, condiciones laborales buenas, capacidad para contribuir, tomar decisiones y utilizar las habilidades eficazmente. Estos aspectos forman la base de la mayoría de teorías sobre la motivación. El dinero puede motivar, pero sólo a aquellas personas que se sientan motivadas por él.

Si el personal se siente infeliz, sopesarán las ventajas y los inconvenientes de quedarse o partir de la empresa. Este proceso variará según la persona. Los directivos y las personas con responsabilidad sobre los empleados tienen que garantizar que las razones de permanencia tengan más peso que las de la despedida, y reconocer que la renovación y la retención de personal están bajo su control. Si no llevan a cabo ninguna acción, la renovación de los empleados puede hacerse interminable.

Conclusión

En este momento, tiene presentes algunas de las razones por las que algunos empleados abandonan y otros se quedan en una empresa:

- Muchos factores diferentes contribuyen a la partida o la estabilidad del personal.
- Los factores que causan que algunos trabajadores se marchen son los mismos por los que otros se quedan.
- Los directivos y otras personas con responsabilidad sobre el personal deben comprender que los empleados son diferentes, así como también sus necesidades.
- La motivación y la satisfacción laboral varían según las personas.

Cómo conseguir retener al personal a partir de este momento

En el capítulo de hoy abarcaremos los siguientes puntos:

- Cómo mantener al personal de inmediato.
- Estrategias a corto plazo.

Cualquier estrategia de retención de personal debería fijarse como objetivo mantener a las personas que la empresa desea, satisfaciendo sus necesidades, y reducir el total de empleados contratados, ya que son costosos y consumen tiempo. Los empresarios tienen que analizar y comprender las causas del movimiento de personal antes de poner en marcha soluciones que alienten la retención de empleados. Por tanto, tendrá que utilizar algunos de los métodos vistos en el capítulo del martes. No saque conclusiones precipitadas ni haga presuposiciones, ya que podría equivocarse. Las soluciones pueden adoptar diferentes formas y no tienen que ser necesariamente caras o incurrir en gastos adicionales para tener beneficios respecto a las personas y la empresa. Los empresarios tienen que ser conscientes de lo que cuesta el movimiento de personal y el dinero que están perdiendo antes de decidir lo preparados que están para invertir en el mantenimiento de personal.

Cómo conseguir retener al personal de inmediato

Intentar persuadir a los trabajadores para que se queden en la empresa una vez que ya han dimitido es demasiado tarde. Las ofertas contrarrestadoras, como por ejemplo ofrecer más dinero, no suelen tener éxito, pero si vale la pena mantener a esos empleados puede intentar persuadirles. Debe comparar los costes relacionados con su partida y su permanencia (no sólo los financieros) y considerar si su marcha tendrá algún efecto adverso para el resto de la empresa.

Puede ampliar los plazos de renuncia para permitir que el personal piense, reflexione y, posiblemente, cambie de opinión. Vigile a los empleados que están considerando la idea de abandonar la empresa, a los que no tienen un compromiso propio con los proyectos a largo plazo, tienen un cambio de actitud, no se preocupan, se alejan, no se comunican, tienen días libres sin motivo, quieren disponer de vacaciones a corto plazo o realizan llamadas secretas. Puede llegar a prevenir que se despidan. Si los buenos trabajadores se marchan, anúncieles que pueden volver. Póngase en contacto con ellos después de que se hayan ido y compruebe si volverán. Puede ser que su nuevo trabajo no sea tan bueno como pensaban. Los cuestionarios de salida, las llamadas y las relaciones personales se pueden usar y llevar a cabo un seguimiento en los tres meses posteriores a su partida, lo que les da tiempo para reflexionar. Cuando se encuentra con una escasez de plantilla, como en el caso de las enfermeras, recuperarlas, aunque sea algunos años más tarde, puede seguir siendo coste eficaz ya que poseen algunas habilidades básicas, saben lo que implica el trabajo y sólo tienen que reentrenarse o reciclarse. Si el personal antiguo retorna, le puede ahorrar tiempo y dinero, y le demostrará al actual que puede ser que esté mejor donde está, lo que incrementará la retención.

Estrategias a corto plazo

Las cuestiones que aparecen a continuación son estrategias a corto plazo que pueden mejorar la retención de personal:

- Contratación y selección.
- Incitación.
- Preparación y crecimiento.

- Valoración, *feedback* y reconocimiento.
- Actuación.
- Salario, recompensas y beneficios.

Contratación y selección

Estos procesos consumen mucho tiempo y dinero, pero son una parte crucial en la retención del personal, por lo que debe prestar atención a este punto. Una contratación y selección buenas implica seleccionar a empleados excelentes que comportarán una diferencia importante para su empresa, quizás ayudándola a expandirse y a obtener mayores beneficios. Suele haber demanda de personas capacitadas y suelen estar sin trabajo, por lo que la compañía debe verse como un buen lugar de trabajo y tener una buena reputación para atraerles. Si existe una escasez de aptitudes y dificultades en la contratación, evite citar a personas que no encajen completamente con sus criterios, aunque sea muy tentador. Sólo se le añadirán a sus problemas de movimiento de personal. En resumen, ¿cómo va a atraer, seleccionar y citar a las personas adecuadas en primer lugar, a los que querrán quedarse en la empresa? Tenga en cuenta los siguientes puntos:

- De dónde proviene la gente que contrata y qué factores es más probable que les atraigan o determinen su unión a la empresa. Si la dirección tiene una buena reputación –honesta y justa–, entonces será más probable que atraiga y retenga a los empleados. Puede ser que no haya candidaturas debido a la escasez de capacidades o a la reputación de la empresa.

- Si se quiere contratar a personas éticas, la empresa también tiene que serlo. Los directivos y el personal deberían ser modelos que presentaran las características que se desean –ética, confianza, sinceridad, moral, cumplimiento de la ley y respeto.
- Las capacidades requeridas para el trabajo deberían especificarse claramente, así como también habría que describir adecuadamente las labores, para que el personal seleccionado no se encuentre nunca ni por encima ni por debajo de las expectativas y que haya una correspondencia entre el trabajo y la persona.
- Examine los acuerdos laborales y el salario e inclúyalos en los anuncios del trabajo para atraer candidatos. Los anuncios y la propaganda deberían ser realistas y precisos. Si premia la experiencia y las calificaciones, debería recompensarlas con el salario ofrecido.
- Descubra con rapidez el personal potencial que quiere conservar, lo que les hará felices, y si pueden cumplir con las expectativas. ¿Qué les promete a los empleados potenciales? ¿Puede cumplir las promesas? Si no puede alcanzar sus expectativas, sólo añadirá dificultades de retención.
- La contratación y la selección son un proceso en dos direcciones. Ofrezca información adecuada para que ambas partes puedan tomar una decisión respecto al trabajo ofrecido/aceptado. Debería proporcionar una visión del trabajo honesta y realista, lo que facilitará el compromiso y la lealtad.
- Contrate personal que crea en los valores de la empresa.

- ¿Qué métodos de selección utiliza? Tiene a su disposición una amplia gama: pruebas, entrevistas, evaluaciones, simulaciones, discusiones de grupo, actividades para resolver problemas de grupo, muestras de trabajo, demostraciones de las capacidades, centros de evaluación, referencias (especialmente en el caso de los empresarios antiguos).
- Las personas involucradas en la contratación y la selección tienen que prepararse y reciclarse.
- Durante las entrevistas, ¿los candidatos pierden el entusiasmo, critican a sus antiguas empresas/colegas, se muestran sobrecalificados, están interesados en el trabajo?
- ¿Cómo va a tratar a los candidatos que no le interesan? Puede ser que desee tenerles en cuenta en un futuro.
- Evalúe constantemente los métodos de contratación y selección. Piense en los cambios que puede necesitar

realizar –utilizando caza-talentos o agencias de contratación.

- Contratar y seleccionar personal nuevo/temporal tiene un efecto sobre los empleados existentes y debería gestionar este tema eficazmente.

Incitación

Este punto es vital para asegurar el sentimiento de pertenencia, y es necesario para cada miembro del personal, independientemente de su puesto. Ayudará a que los empleados nuevos aprendan los valores de la empresa, actúen de una forma más eficaz y se queden en la compañía. Requiere:

- Tiempo –más que sólo el primer día o pocas horas.
- Equipamiento y recursos.
- Ayuda en la gestión.
- Oportunidades para conocer y trabajar con nuevos colegas.
- Un compañero o un amigo especial.
- Objetivos claros y criterios para las actuaciones.
- Conocimiento y preparación –no sólo mostrarle a alguien cómo realizar las cosas.
- Oportunidades para sentirse satisfecho y tener éxito.
- Discusiones con directivos, incluyendo *feedback*, evaluación y revisión.

La incitación debería reflejar en qué consiste el trabajo en la empresa. ¿Cómo se siente el personal nuevo al final del primer día, la primera semana, el primer mes o cuando ya se han despedido? Se debería inducir al personal existente que tiene un ascenso o que cambia de trabajo o de departamento. Una buena incitación puede ayudarle a retener a los empleados y a evitar una crisis de motivación si abandonan rápidamente el trabajo después de haberlo empezado.

Preparación y desarrollo

Estos dos aspectos ayudan a transmitir la cultura y los valores de una empresa, pueden reducir el movimiento, alentar la retención y crear una mano de obra estable. También pueden mejorar las actuaciones, reducir los errores y el absentismo, incrementar la satisfacción laboral y se pueden entender como una recompensa en su buen sentido. Aprender, prepararse y crecer puede ayudar a atraer y retener a los trabajadores y desarrollar compromiso, capacidades, competencia y adaptabilidad. Debería:

- Desarrollar una preparación empresarial y una estrategia quc cubra la incitación, la preparación inicial, continua y desarrollo, preparación para el cambio, crecimiento laboral, mejora en las actuaciones y desarrollo administrativo.
- Implementar, revisar y evaluar las estrategias; asegúrese de que tiene a su disposición recursos adecuados.
- Alentar el aprendizaje regular y el desarrollo de actividades para todo el mundo, tanto relacionadas con el trabajo como no; de esta manera, mantiene el interés, promociona el aprendizaje e incrementa la satisfacción laboral cuando las oportunidades de ascenso son limitadas.

- Promocionar la preparación empresarial y el desarrollo y el aprendizaje de los ejecutivos.
- Permitir que el personal prepare y enseñe a los demás.
- Proporcionar oportunidades de tutoría y aprendizaje utilizando a los líderes de equipo y directivos.
- Apoyar la preparación individual y ofrecer oportunidades para el auto-desarrollo y el aprendizaje continuo.
- Facilitar preparación y desarrollo especializados y la adquisición de múltiples habilidades; esto provoca nuevos intereses y permite que las empresas satisfagan el trabajo adicional; también mejora la flexibilidad y versatilidad, y puede promover el desarrollo profesional interno y los ascensos.
- Plantearse si existe escasez de aptitudes, preparar y enseñar a sus propios empleados y tener en cuenta cómo retener a los aprendices.
- Permitir que el personal trabaje desde casa y ofrecer preparación y desarrollo al que se encuentra en una pausa profesional.
- Sugerir cuidados infantiles, si es necesario, para permitir que los empleados acudan a los cursos preparativos.
- Pensar en relacionar el aprendizaje, la preparación y el desarrollo con la mejora de habilidades y un incremento de salario.
- Involucrar a los trabajadores en su propio aprendizaje y preparación, y animarles a que aprendan de sus errores.
- Ofrecer actualizaciones de las habilidades, preparación técnica y capacidades interpersonales.

- Reconocer que el personal profesional necesita un desarrollo profesional continuo.

La preparación y el desarrollo pueden ser factores de satisfacción importantes y ayudar a preparar al personal para los cambios y el futuro. Parece ser que existe un vínculo entre la preparación y el desarrollo y la retención de personal.

Valoración, feedback *y reconocimiento*

Utilizar habitualmente el *feedback* y el reconocimiento, a través de revisiones y valoraciones, incluso diariamente si es adecuado, es imprescindible para la motivación, el compromiso y la retención de trabajadores. El *feedback* tiene que proporcionarse tanto sobre puntos positivos como sobre áreas a mejorar. Utilice las valoraciones/revisiones para motivar, fijar metas realistas y alcanzables y objetivos claros con períodos temporales realistas. Elogie al personal abiertamente: esté preparado a escribir cartas de felicitación (o consiga que lo hagan los altos directivos) y haga públicos los éxitos a través de cartas, tablones de anuncios o e-mails.

Actuación

Los directivos y jefes de grupo deben enfrentarse a actuaciones escasas y, si es necesario, eliminarlas de la empresa, ya que pueden tener un efecto negativo sobre el personal eficaz. Recuerde que conseguirlo puede ser costoso. Las indemnizaciones por desempleo pueden verse casi como una recompensa por las malas actuaciones a los ojos de las personas que trabajan bien y a quienes, a lo mejor, les gustarían recibir ese dinero. Los directivos tienen que conocer a su personal, construir una confianza mutua y asegurar unas capacidades para que puedan actuar de forma eficaz y contribuir a la productividad del departamento y la empresa. Los empleados necesitan ciertos aspectos para trabajar bien y esto se relaciona con la retención de personal. Necesitan:

- Conocimiento, habilidades y competencias, obtenidos a través de preparación, instrucción, práctica, *feedback* y valoración.
- Recursos, como por ejemplo, el equipamiento.
- Un entorno laboral seguro y saludable.
- Ayuda de los colegas, los jefes de equipo, los directivos.
- Unos niveles de actuación y unas responsabilidades claros, junto con objetivos alcanzables, plazos y ayudas.
- *Feedback* constructivo, específico y honesto, así como una valoración y unas recompensas –financieras y no financieras.
- Trabajos bien definidos para asegurar la actuación.
- Oportunidades para que los jefes/directivos de equipo y el personal puedan discutir sobre los trabajos.

Simplemente estar presente en la oficina o trabajar muchas horas pero sin ser productivo no significa tener una actuación eficaz. Se requiere un personal competente que se haya contratado, inducido y preparado adecuadamente. Debería poseer el conocimiento, las habilidades y capacidades necesarias para realizar con eficacia el trabajo, estar motivado y satisfecho con su trabajo y valorársele regularmente. Todo esto conduce a una mejor retención de la plantilla.

Salario, recompensas y beneficios

Las recompensas y los beneficios pueden atraer, motivar y retener al personal. Las políticas de recompensación y las estrategias tienen que encajar cómodamente con el ambiente interno y externo, y reflejar los valores y las creencias de la empresa. Deberían apoyar los objetivos empresariales e integrarse con otras políticas de personal. Las recompensas y los beneficios pueden adoptar formas diferentes: financieras o no financieras, como un elogio o una responsabilidad extra. Se ven influenciados por sistemas, contextos y factores culturales (nacionales y organizativos), aspectos económicos (mercados laborales, oferta y demanda, tasas de salarios locales), así como también por las teorías sobre la motivación. Es importante saber qué quiere el personal. Las recompensas y beneficios repercuten sobre los siguientes protagonistas:

- *Individuos*: un salario básico más la posibilidad de pagas adicionales según la actuación o la capacidad; pagas extraordinarias por actuación o salarios vinculados con el trabajo pueden ayudar a mejorarlo, a cambiar las actitudes, a maximizar las contribuciones individuales y a recompensar al personal.
- *Equipo*: centrado en la consecución de las metas/objetivos del equipo; las recompensas de equipo deberían reforzar la cultura del trabajo en grupo.
- *Empresa*: basado en la buena actuación de la empresa y en la consecución de sus objetivos; recompensar por

una actuación empresarial suele implicar dinero en efectivo, participaciones o beneficios.

También tiene que tener en cuenta los siguientes puntos:

- Revisar las tasas de los salarios. Utilice el proceso de *benchmarking*, la información extraída de las entrevistas de salida y cualquier otro recurso para asegurarse de que está pagando el salario adecuado. ¿Los salarios son competitivos y apropiados para sus empleados?
- Las recompensas tienen que ser justas, realistas, transparentes y consecuentes, así como adecuadas. Los criterios deberían dejarse claros para que el personal sepa cómo obtenerlas.
- Recuerde que las recompensas no pueden darse por cualquier motivo, sino que deberían ofrecerse cuando el personal ha tenido una actuación excepcionalmente buena o si se quiere reforzar algún aspecto. El agradecimiento, los elogios y el reconocimiento son importantes y no cuestan nada.
- Las recompensas deberían ofrecerse tan rápido como sea posible. Las demoras pueden ser desmotivadoras.
- Las recompensas dependen de las políticas empresariales, las oportunidades de ascenso, el dinero/recursos disponibles y las preferencias individuales.
- Las pagas extraordinarias por la retención recompensan a la plantilla para que se quede en una empresa y persiguen evitar que se despida. No solucionan las causas de la renovación de trabajadores, ya que presuponen que sólo están motivados por el dinero –no son siempre una estrategia con éxito.

- Si hay escasez de personal, puede llegar a pedir más dinero y beneficios.
- ¿Qué recompensas va a ofrecer en un futuro?

No todas las recompensas cuestan dinero y los responsables deberían ser creativos y pensar qué les gustaría a sus trabajadores y qué se les podría ofrecer. Una mezcla de beneficios, conocidos como beneficios flexibles, menú de beneficios o sistema de cafetería, se presenta como una buena opción. A los buenos empleados se les ofrecerán diversos beneficios y oportunidades, como libertad personal, toma de decisiones compartida, la consulta de los directivos con sus empleados y la fijación de necesidades individuales y profesionales, así como recompensas financieras. A menudo, los beneficios varían entre los directivos y el resto de la plantilla; deberían revisarse para asegurar la equidad y la justicia. Las recompensas pueden ser diferentes, ya que los trabajadores también son diferentes y tienen necesidades diferentes, pero deberían ser igualitarias. Las recompensas financieras y no financieras pueden ser difíciles de diferenciar, ya que algunas de las no financieras tienen un valor financiero y el personal debería estar al corriente del valor de todos los beneficios. A continuación, encontrará una lista (no está ordenada por prioridades) de muchas recompensas diferentes, tanto financieras como no financieras.

Pero tenga cuidado. Aunque ofrecer muchos beneficios puede facilitar el proceso de retención de personal, también puede motivarle a que trabaje más horas y aumente su horario laboral. Esto puede tener consecuencias en el equilibrio trabajo-vida.

Paga/salario básico competitivo.	*Stock options.*
Vacaciones/ausencias anuales.	Esquema de pagas por enfermedad.
Salario por servicios largos.	Aumentos del coste de vida.
Vacaciones adicionales.	Pagas relacionadas con los beneficios.
Pensiones.	Compartir beneficios.
Pagas por horas extra, guardias, primas.	Esquema de repartición de la propiedad de la empresa.
Gastos en cursos externos y ayudas para obtener diplomas.	Pagas relacionadas con las actuaciones y dependientes de los resultados.
Pagas extraordinarias en efectivo (basados en proyectos y calendario).	Pagas por tiempo (horas trabajadas).
Coche o descuentos en el alquiler de coches.	Pagas extraordinarias debido a la retención y lealtad.
Cartas formales de agradecimiento, certificados.	Trabajo comprimido entre la semana, en pocos días.
Pequeños regalos: bombones, vino, flores.	Tiempo libre para realizar obras voluntarias: caridad, prestación social.
Día libre por cumpleaños o para reconocer un esfuerzo.	Trabajo flexible, que se pueda compartir, y variabilidad horaria.
Fin de semana largo.	Año sabático.
Banca/divisas.	Tiempo libre sin salario.
Comidas/cenas para dos personas.	Terminar pronto los viernes.
Descuentos en los productos de la empresa.	Tiempo libre con salario/ayuda con los familiares que dependen de los empleados.
Trofeos/premios.	Ampliación de la baja por maternidad.
Cursos al aire libre/de aventura.	Preparación de habilidades interpersonales.
Paquetes de viaje/vacaciones o vales.	Entradas para el teatro o un partido de fútbol.

Placas.	Tarjetas telefónicas.
Programas de puntos/premios.	Planificación/preparación de la jubilación.
Empleado del mes –foto, día libre, carta de personal, comida.	Vales para grandes almacenes y regalos por catálogo.
Acceso a las salas de informática e instalaciones deportivas para sus parejas y familia.	Cuidados médicos en la empresa, doctores, dentistas, vacunación, asesoramiento.
Posibilidad de comer en la empresa, gasolina, compras, tintorería, lavado del coche.	Propiedad de la empresa: *stock options* y repartición de beneficios.
Producto renovado cada mes, por ejemplo, el coche.	Médicos privados/seguro dental.
Estatus, puesto laboral, despacho propio.	Seguro de viaje.
Incremento de las mejoras de salario.	Pagas por los conocimientos/aprendizajes.
Préstamos financieros.	Comisiones.
Salario competitivo y basado en las capacidades.	Pago de honorarios profesionales.
Compartir ganancias –repartir las ganancias entre el personal del departamento/área.	Subvenciones para hipotecas o préstamos del hogar.
Apertura de centros de aprendizaje/bibliotecas –no sólo relacionados con los negocios.	Oportunidades de aprendizaje y cursos preparativos.
Conferencias/seminarios externos.	Preparación empresarial.
Seguro de vida.	Instalaciones deportivas y para el entretenimiento.
Preparación técnica.	Rebajas en el uniforme/ropa.
Trabajar en el extranjero.	Oportunidades de realizar viajes de negocios.
Reciclaje de equipos/personal.	Organización de clases en la empresa, por ejemplo, de aeróbic.

Café, comidas, refrescos, frutas, etcétera, gratis.	Actividades de motocross y expediciones 4 x 4.
Alojamiento, alquiler o propiedad; gastos derivados de un cambio.	Permiso para que la pareja le acompañe en los viajes de negocios u ofrecer recompensas que la incluyan.
Permitir la entrada de mascotas en el trabajo/ayudas con las facturas del veterinario.	Salidas en helicóptero o en globo.
Aparcamiento.	Cuidado de los hijos/guarderías.
Cursos acreditados profesionalmente.	Fiestas para los trabajadores y sus parejas.
Implicación en equipos/proyectos especiales.	Cantina subvencionada, vales de comida.

Conclusión

A partir de este momento, ya tiene algunos conocimientos para poder mantener al personal y para llevar a cabo alguna acción a corto plazo.

- Intente prevenir la partida del personal y si los trabajadores más eficaces se despiden, póngase en contacto con ellos a posteriori y anímeles a volver a la empresa.
- Atraiga y seleccione en primer lugar a las personas adecuadas para mejorar la retención de personal.
- Induzca a todos los empleados y aliente su preparación y desarrollo.
- Exprese sus opiniones sobre las actuaciones tanto formalmente, a través de valoraciones, como informalmente, si es necesario a diario.
- Ofrezca una variedad de recompensas y beneficios para satisfacer las necesidades individuales.

Cómo mantener al personal en el futuro

En el capítulo de hoy estudiaremos los siguientes puntos:

- Estrategias a largo plazo.
- Planificación de recursos humanos.
- Estrategias para revisar y valorar la retención.

Estrategias a largo plazo

Éstas incluyen temas como el desarrollo empresarial, la planificación de recursos humanos, la planificación de la sucesión, el crecimiento profesional y las promociones, así como otros aspectos abordados el jueves. No siempre es fácil diferenciar entre las estrategias a corto y largo plazo, ya que varían según las empresas dependiendo de la importancia de las causas y, por tanto, de lo rápido que se deben implementar las soluciones. Se pueden considerar los siguientes puntos a largo plazo:

- Diseño del trabajo.
- Equilibrio entre la vida personal/laboral.
- Crecimiento profesional y promociones.
- Satisfacción laboral.

- Motivación.
- Estrés.
- Gestión y supervisión.
- Relaciones con los demás.
- Comunicación.
- Toma de decisiones e implicación.
- Políticas de la empresa, prácticas y procedimientos.

Diseño del trabajo

Está relacionado con el contenido de los trabajos, y es importante tanto para las personas como para la empresa. Los cambios en el diseño del trabajo o un rediseño pueden implicar mejoras en la productividad y en las actuaciones, satisfacción laboral y retención de personal. La necesidad del rediseño puede proceder de los siguientes factores, que los directivos deberían plantearse:

- Actuaciones reducidas y problemas en la retención de la plantilla.
- Cambios en la empresa, incluyendo la utilización de tecnología, el trabajo en equipo y la práctica empresarial.
- Cultura y estructura de la empresa.
- Condiciones físicas del trabajo/entorno.
- Situación en la compañía –fija o temporal.
- Salarios, beneficios y recompensas.

Aunque pueden existir algunas dificultades al introducir cambios, a causa del equipamiento, la maquinaria, los recursos y los problemas para cumplir con las expectativas de los clientes o los objetivos financieros, éstos pueden ayudarle a reconciliar las diferencias individuales y las necesidades. Un diseño práctico del trabajo, o un rediseño, implica los siguiente puntos:

- Ampliación del trabajo –añadiendo diferentes labores para crear una diversidad y un interés; está relacionada con el crecimiento horizontal.
- Enriquecimiento del trabajo –haciendo más interesantes los trabajos, más motivadores y proporcionando un crecimiento a la persona a través del aumento de responsabilidades, la eliminación del control empresarial, la introducción de labores nuevas, más difíciles y en algunos casos especializadas; está asociado con el crecimiento vertical.
- La rotación del trabajo –realizando trabajos diferentes para aumentar la variedad, sobre todo cuando se trata de labores aburridas o repetitivas.
- Equipos autogestionados o grupos autónomos –grupos/equipos responsables de sus propios trabajos, labores y de la gestión de actividades.
- Repartición de tareas y modelos diferentes de trabajo.
- Horarios flexibles, anuales o comprimidos.

Equilibrio entre la vida personal y laboral

Algunos trabajadores y empresarios cada vez son más conscientes de los efectos del trabajo sobre la salud y las vidas de las personas. El reconocimiento del problema y la realización de algún paso permitirían que el personal encontrara más fácilmente un equilibrio en su vida. Algunos empresarios están ofreciendo facilidades adicionales en el trabajo, al mismo tiempo que están intentando ser más flexibles para complacer las necesidades de la plantilla. Se pueden adoptar diversos acuerdos laborales diferentes y flexibles:

- Media jornada.
- Horario flexible –opción de empezar y terminar a diferentes horas.
- Horarios reducidos.
- Horario laboral flexible/semanas laborales comprimidas.
- Trabajo en casa y por ordenador.
- Horario laboral por períodos –tener derecho a bajas con o sin salario durante las vacaciones escolares sin que el contrato haya terminado.
- Trabajo temporal.
- Horarios anuales –horas específicas expresadas más como una cifra anual que semanal.
- Bajas profesionales.
- Rotación de turnos.
- Bajas sin salario.
- Repartición del trabajo, compartiendo el salario y los beneficios entre dos trabajadores a tiempo parcial, cada día o semana, sistema de partición o alternación de la semana. Se puede aplicar a cualquier puesto/trabajo y ayuda a retener al personal, sobre todo a las mujeres.

La flexibilidad se basa en la confianza y la responsabilidad, y está relacionada con la cultura de la empresa. Centrarse en equilibrar la vida y el trabajo, incluyendo acuerdos laborales diferentes y flexibles, puede mejorar el estado de ánimo y la productividad de los trabajadores, reducir el absentismo y la renovación de la plantilla. Debería:

- Saber qué empleados trabajan demasiadas horas y no alentarles a que estén en el trabajo sólo para que se les vea en la oficina. Fije su atención en los resultados y la productividad y, si es necesario, recomiéndeles que se marchen a casa.
- Examinar lo que los turnos y otros acuerdos laborales significan para el equilibrio vida-trabajo, las actividades sociales, deportes, aficiones y retención del personal.
- Proporcionar una comida sana en las cantinas y plantearse la gratuidad para los empleados que trabajen muchas horas.
- Llegar a acuerdos (pagados o no) en caso de emergencias o circunstancias especiales.
- Animar al personal para que se involucre con proyectos voluntarios y realice un servicio a la comunidad.
- Asegurarse de que si está ofreciendo en el trabajo facilidades para la diversión, la sanidad o las compras, le ayuden a retener al personal, no sólo a mantenerles en el trabajo, y de que el trabajo no se vea más atractivo que el hogar. Compruebe que todas estas facilidades estén disponibles para todo el personal.

En especial, en los momentos en que hay escasez de capacidades, algunos empleados (o personal potencial) no desean cambiar. Sin embargo, ofrecer el equipamiento y la tecnología necesarios puede permitir que muchos trabajen desde casa o desde cualquier otro punto del mundo. Las ideas sobre la flexibilidad del trabajo pueden ayudar a retener al personal, y la variedad de los modelos de trabajo pueden beneficiar a empleados, empresarios y clientes.

Crecimiento profesional y promoción

Muchas empresas han cambiado; tienen menos personal y menos niveles de gestión, cuyo resultado es una limitación de las oportunidades para la promoción vertical. Una carrera puede significar cosas diferentes según las personas: puede ser que no implique necesariamente el mismo trabajo, profesión o el mismo sector o, incluso, involucrar ascensos; sin embargo, la falta de oportunidades para avanzar profesionalmente puede provocar que algunos empleados abandonen la empresa. En el caso de las personas que buscan una variedad de actividades diferentes, si los empresarios quieren satisfacerles, en el trabajo y en su vida en general, tienen que ser creativos, ofrecer oportunidades de crecimiento y otras experiencias. El crecimiento profesional es una responsabilidad individual, pero es más probable que los trabajadores que ven un futuro en la empresa se queden en ella. Los que son ascendidos pueden actuar como modelo para los demás y mejorar el compromiso; el ascenso se ve como una recompensa. Debería:

- Hablar con el personal para saber lo que quiere, prestarle ayuda en la fijación de objetivos y metas personales e intentar darle soporte para conseguirlos.
- Hacer tantas promociones internas como sean posibles, ya que pueden reducir la renovación de personal, mejorar la motivación y moral, reducir los gastos y aumentar la retención de personal.
- Tener en cuenta los puestos horizontales y verticales a la hora de los ascensos, crecimientos y retos.
- Proporcionar una preparación para los directivos y los jefes de equipo, que también necesitan habilidades para enseñar, entrenar y facilitar.
- Identificar a los empleados con potencial mediante la evaluación de habilidades y capacidades y tutorías.
- Examinar los criterios de promoción para asegurar la equidad y justicia.
- Revisar las estrategias de crecimiento profesional y adoptar una variedad de posturas.
- Considerar las relaciones con las valoraciones, actua-

ciones y el *feedback*; la evaluación de las actuaciones se asocia con el crecimiento profesional en el caso de las personas que buscan una progresión.

Satisfacción laboral

Los empleados suelen disfrutar de sus trabajos si son capaces de utilizar sus habilidades y capacidades y tienen oportunidades para el crecimiento. Es un aspecto importante para la retención de personal. El dinero y las recompensas no van a motivarles necesariamente. La satisfacción laboral depende de un gran número de factores:

- El lugar de trabajo tiene que ser positivo y uno debe sentirse bien al estar allí; para algunos tiene que ser también un lugar de diversión.
- La satisfacción laboral es compleja e implica gestión, colegas, trabajo, condiciones laborales y entorno específicos, salario y recompensas, un diseño del trabajo.
- El personal debería ser capaz de exponer las ideas, tomar decisiones, tener control sobre su trabajo y comprender cómo contribuyen en la empresa.
- Una cultura abierta y las consultas al personal mejoran la comunicación y la satisfacción laboral; la cultura existente puede necesitar un cambio.
- El entorno laboral debería ser seguro y saludable. La provisión de cuidados sanitarios les muestra a los empleados que se les valora.
- El trabajo debería ser motivador y alentar la mejora en las actividades y el crecimiento personal; de este modo,

porciona satisfacción laboral y se vincula con el cre-
miento profesional.
- Debería animarse al personal para que trabaje y para que lo haga con empleados de otros departamentos para crecer y superarse.
- Habría que resolver las ambigüedades relacionadas con la estructura organizativa y con los informes del personal.
- Se debería ofrecer recursos adecuados.
- Se debería alentar la creatividad y la innovación.
- El contenido y el diseño del trabajo debería examinarse y revisarse regularmente. Asegúrese de que las descripciones del trabajo no se limiten, que haya variedad, motivación y responsabilidad; haga los trabajos más interesantes y motivadores, no más extensos.
- La rotación de trabajo y las tareas especiales para superar el aburrimiento y hacer el trabajo más interesante.
- Se debería vincular estrechamente el trabajo con los miembros de la plantilla.

Motivación

Los directivos y los jefes de equipo tienen que saber lo que motiva al personal para animarles y recompensarles adecuadamente. Tienen que tener una influencia positiva sobre ellos, alentarles a trabajar, a tener mejores actuaciones y a quedarse en la empresa. Los consejos para motivar al personal incluyen los siguientes, algunos de los cuales ya se han planteado en otro momento:

- Reconocer las necesidades individuales del personal.
- Comunicarse, especialmente escuchar.
- Ofrecerle tareas motivadoras, interesantes y con responsabilidad.
- Pedir sus opiniones e involucrarlo en la toma de decisiones.
- Marcar objetivos realistas.
- Valorarle y recompensarle cuando se obtengan los objetivos.
- Mostrar reconocimiento y *feedback*.
- Informarle del valor de sus contribuciones.
- Darle suficiente autonomía.
- Actuar como un buen modelo.

La motivación también puede intensificarse mediante una valoración eficaz y un sistema para gestionar las actuaciones, un rediseño del trabajo y un diseño de la empresa, en

términos de su estructura, líneas de comunicación y toma de decisiones.

Los directivos y líderes de equipo tienen que motivar positivamente utilizando incentivos y recompensas más que miedos y amenazas, y reconocer que puede haber diferencias entre el personal fijo a jornada completa y el temporal o a media jornada.

Estrés

Hay que reconocer los síntomas de estrés, como por ejemplo, signos físicos, absentismo, falta de motivación y apatía, y luchar contra ellos. Hay que comprender las causas del estrés y prevenirlo proporcionando personal extra, tiempo extra y asegurando que la presión sólo se da a corto plazo y no a largo plazo.

Gestión y supervisión

Los directivos y jefes de equipo tienen una función importante en la prevención de la renovación de personal y en la retención. Tienen que ser eficaces de muchas formas diferentes. Analizaremos con detalle sus funciones el domingo.

Relaciones con las otras personas

El personal tiene necesidades individuales. Algunos prefieren trabajar solos, mientras que otros necesitan trabajar en un equipo eficaz. La mayoría de empresas confía en el trabajo en equipo en algún momento, por lo que los directivos tienen que formar y desarrollar grupos y comprobar que se tienen en cuenta las necesidades de los individuos. También hay que resolver los conflictos.

Comunicación

Los directivos tienen que involucrarse en una comunicación eficaz, reconociendo que se trata de un proceso en dos direcciones. Recuerde los siguientes puntos:

- Las empresas necesitan una comunicación frecuente formal e informal.
- Comuníquese y comparta información sobre planes empresariales, objetivos, visiones y misiones, y anime al personal a que contribuya en estos procesos.
- Utilice una variedad de métodos comunicativos (tablones de anuncios, reuniones de grupo/equipo, recursos electrónicos-audiovisuales, e-mails, cartas, contactos cara a cara, vídeos, conferencias).
- Escuche a todos los empleados, incluyendo a los que dejan la compañía. Pídales sugerencias, para luego llevarlas a cabo, y sus opiniones.
- Una comunicación eficaz le ayudará a comprender a sus trabajadores y sus necesidades. La comunicación debería centrarse en los individuos en términos de objetivos, actuaciones, *feedback*, valoraciones, consultas y conversaciones.
- Las comunicaciones abiertas deberían reflejar la cultura de la empresa. Informe al personal de todos los temas, comparta la información financiera, los buenos y los malos momentos.

- Cuando se den cambios importantes, fusiones y adquisiciones, comuníquese regular y honestamente.
- Tenga en cuenta el tamaño y la estructura de la empresa.

Tomar decisiones e involucrarse

El personal que está involucrado activamente en una empresa es menos probable que la abandone.

- Implique a los trabajadores en la toma de decisiones, sobre todo respecto a las decisiones que les afectan y a su trabajo. Esto ayuda a superar la resistencia al cambio, incrementa el compromiso, el sentido de pertenencia y propiedad.
- Pregunte a los empleados su opinión y sus ideas tanto formal como informalmente. Los esquemas de sugerencias pueden ayudarle a ser más competitivo, a retener y recompensar al personal. Inicialmente, se precisa una comunicación eficaz sobre los problemas de la empresa y las áreas a mejorar.
- Consulte al personal y mantenga conversaciones abiertas.
- Aliente a los trabajadores y permítales que tomen parte de las negociaciones y de la toma de decisiones.

Políticas, prácticas y procedimientos organizativos

Estos aspectos se deben examinar, revisar y renovar regularmente para incrementar la retención de personal. Las políticas y prácticas hacen referencia a temas que ya hemos analizado, como las recompensas y beneficios, comunicación, gestión de las valoraciones/actuaciones, equidad y justicia, condiciones laborales, horario laboral, preparación y crecimiento. Una única estrategia no funcionará nunca y lo más probable es que se requiera una combinación. Las políticas y prácticas personales tienen que integrarse en las de la empresa y deberían fortalecer su imagen y reflejar su cultura. Son influyentes para atraer y retener al personal con talento y calidad, y los empresarios tienen que diseñar iniciativas de trabajo atractivas y disponer de más estrategias.

Las empresas que actúan de forma eficaz y tienen éxito financieramente suelen tener personal que comprende cómo su contribución encaja en la estrategia organizativa y que comparte los objetivos de la compañía. Además, la actuación y el salario/recompensa están relacionados y existe una confianza, honestidad, justicia, respeto y curiosidad intelectual, por lo que los trabajadores se comprometen y son fieles. Los empresarios deberían tener en cuenta cómo afrontan los errores y los fallos. Si quiere que su plantilla sea creativa y aprenda (lo que beneficia a la empresa y a las personas), entonces es imprescindible desarrollar una cultura no sancionadora, que permita que las personas aprendan de los errores. El compromiso es un proceso en dos direcciones entre el personal y los empresarios/compañía y a menudo la cultura y los valores de la empresa, sobre todo el clima y el estilo de gestión, tienen que cambiarse para incrementar el compromiso y que la gente quiera trabajar para la empresa. Los empresarios tienen que plantearse el uso de nuevos contratos de trabajo que alienten la flexibilidad y la responsabilidad en comparación con los tradicionales, diseñados bajo políticas tradicionales. Controle la igualdad de oportunidades y, si es necesario, incremente la concienciación. Tienen que adoptarse prácticas, políticas y procesos organizativos apropiados y revisarse y renovarse con regularidad.

Planificación de recursos humanos

Este punto está relacionado con la oferta y la demanda, los requisitos a corto y largo plazo, la previsión, planificación, atracción y retención de personal. Tiene que ver con disponer del número correcto de trabajadores con las habilidades necesarias en el sitio adecuado y el momento preciso, y retenerles. La planificación de recursos humanos es importante respecto a cómo retener al personal (o cómo no perderlo) e incluye la organización de la sucesión. Las razones por las que los empleados abandonan la empresa o se quedan tienen que analizarse utilizando algunas de las herramientas revisadas el martes. Si las necesidades de los futuros empleados tienen que considerarse de forma realista, entonces los movimientos pasados son importantes. ¿Son causas internas (políticas o procedimientos) o externas (mercado laboral/economía)? La información que se necesita para realizar una planificación eficaz incluye detalles sobre:

- El nuevo personal, el actual y el antiguo; la duración del servicio, las razones de la partida.
- Los niveles de empleados actuales; ¿cuántos hay (demasiados o muy pocos)? ¿Cuál es la edad, el sexo, el grado, los trabajos actuales, calificaciones y niveles de las habilidades del personal?

- Contratación: ¿cuáles son las necesidades y cómo va a conseguirlas? ¿Qué cambios demográficos, tasas de desempleo y falta de habilidades existen a nivel local, regional, nacional e internacional?
- Movimiento del personal: ¿cuáles son los índices y las implicaciones?
- ¿Qué empleados se pueden tener en cuenta para promociones internas?
- Las políticas de salarios y gastos de personal (índices locales, nacionales e internacionales).
- Las características de grupos específicos, como graduados o mujeres.

Esta información se debería recopilar adecuadamente para permitir comparaciones entre años y grupos y que se hagan predicciones.

Una planificación de recursos humanos eficaz garantiza una contratación y una selección correcta, puede reducir el movimiento de personal y la insatisfacción laboral, e incrementar la retención de personal. La planificación ayuda a afrontar diferentes circunstancias, como una escasez de personal –como resultado de un trabajo extra– o una presión adicional en el personal existente a causa de la falta de trabajadores. La planificación y estructuración de la plantilla debe examinarse y mejorarse basándose en los objetivos de la empresa, la contratación y selección, la preparación y el crecimiento, el desarrollo de la gestión, las transferencias y la redistribución, y la partida de la empresa. Este tipo de planificación es esencial para evitar dimisiones innecesarias, desempleo y prejubilaciones. Si se dimite por incompetencia, incapacidad, desempleo, falsedad o fraude, entonces esta dimisión puede haber sido causada por una mala selección y contratación, preparación y desarrollo.

Revisar y valorar las estrategias de retención

Ninguna estrategia de retención única funcionará para todo el personal de todas las empresas. Debe recordar que los empleados son diferentes, al igual que sus necesidades y que las empresas. Tiene que saber lo que es importante para los suyos y reconocer que puede cambiarlo. Como empresario, tiene que conocer los índices normales de movimiento de personal en su empresa y si están aumentando, disminuyendo o se mantienen estables.

Las estrategias que puede adoptar para reducir el movimiento de personal y retenerlo tienen que revisarse y actualizarse regularmente. Debería medir y valorar de nuevo las estadísticas y realizar entrevistas de salida y encuestas a los empleados. Si están satisfechos, y tiene una plantilla estable, tendrá más posibilidades de retenerles, de satisfacer a los clientes y de dirigir con éxito una empresa beneficiosa. Si crea un buen lugar de trabajo, es visto como una persona justa, trata a los empleados consecuentemente, adopta políticas y procedimientos igualitarios, las personas se verán más atraídas por la organización y estarán más inclinadas a quedarse. Un personal motivado, comprometido y feliz puede tener un efecto positivo sobre el resto de trabajadores e incrementar la reputación de la cmpresa. Utilice a estos trabajadores para preparar y enseñar a los demás y promueva políticas y prácticas.

Recuerde que hay otros empresarios que podrían querer

contratar a sus empleados. Seguro que no le gustaría encontrarse en la posición del personal que se pregunta: ¿debo quedarme o marcharme? Si quiere conservarlo y prevenir su partida, tiene que dar algún paso. Los trabajadores son un recurso valioso; ¿realmente puede permitirse ignorar la retención de personal? El éxito de las estrategias de retención puede evaluarse según la cantidad de personas, de las que querría mantener en la empresa, que continúan contándose entre los empleados.

Conclusión

Ahora ya dispone de algunas pistas sobre las estrategias a largo plazo, la planificación de recursos humanos y la evaluación de estrategias de retención.

- Se pueden utilizar muchas estrategias a largo plazo diferentes para aumentar la retención de personal y una única no funcionará.
- El equilibrio entre la vida y el trabajo es cada vez más importante y es un reflejo de las diferencias y necesidades individuales.
- Tiene que planificar eficazmente para atraer y retener a los empleados.
- Debería revisar y evaluar regularmente las políticas, prácticas, procedimientos y estrategias de retención.

Ventajas e inconvenientes de la retención de personal

En este capítulo nos fijaremos en:

- Grupos específicos de personas.
- Los beneficios de la retención de personal.
- Los inconvenientes de la retención de personal y las ventajas de renovarlo.
- Los gastos de la renovación de la plantilla.
- Los gastos de la retención de empleados.

Grupos específicos de personas

Cuando se aborda la retención de personal, vale la pena

fijarse en los diferentes grupos específicos que componen la propia plantilla.

- Padres.
- Mujeres.
- Hombres.
- Jóvenes/recién licenciados.
- Licenciados.
- Trabajadores mayores.
- Directivos/profesionales.
- Especialistas.

Padres

Ofrecer políticas familiares, como trabajos a media jornada, repartición del trabajo, la opción de trabajar desde casa, horarios flexibles y guarderías subvencionadas puede tener beneficios a la hora de mejorar el compromiso del personal y su motivación, la satisfacción laboral, los índices de absentismo, la productividad, la calidad del trabajo, la contratación y la retención de los empleados. Este tipo de políticas debería aplicarse tanto a madres como a padres y cumplir con los requisitos legales.

Algunos empleados quieren trabajar menos y pasar más tiempo con sus familias. Esta idea puede adoptar la forma de bajas paternales (maternidad y paternidad), paros en la carrera y pasar muchas más horas fuera del trabajo. Además de las prácticas de trabajos flexibles, algunos empresarios ofrecen guarderías/cuidados infantiles en el lugar de trabajo o descuentos. También se pueden permitir bajas para cuidar a los niños, especialmente durante las vacaciones, organizar colonias para los hijos de los empleados, así como también actividades para antes o después de la escuela. Los requisitos y las propuestas deberían evaluarse y revalorarse regularmente, ya que la necesidad de cuidados infantiles puede variar y estará influenciada por el tamaño de la empresa, la ubicación, las facilidades existentes y los recursos financieros. Algunos cuestionarios –sobre el número de empleados con hijos, sus edades, los acuerdos actuales y los gastos, la satisfacción respecto a estos acuerdos, la preferencia en cuanto a los cuidados, la planificación familiar del personal– proporcionan una información útil.

Mujeres

Las mujeres son una parte importante de la plantilla, pero pueden encontrarse con diversas situaciones, como la discriminación, las responsabilidades familiares y domésticas, la falta de crecimiento profesional y la imposibilidad de alcanzar puestos importantes. Pueden dejar un trabajo debido a la discriminación. El embarazo y el nacimiento de un bebé se pueden ver como contribuyentes al movimiento de personal y a la pérdida de habilidades, pero las interrupciones en la carrera y otras medidas creativas pueden llegar a mejorar la retención de estas trabajadoras. Las empresas deben plantearse qué se necesita para conservar a las mujeres y qué puede ayudarlas a volver al trabajo. Algunas cuestiones son las mismas para todos los miembros del personal, ¿pero qué pueden hacer las compañías para retener en concreto a las mujeres?

- Ofrecer respuestas flexibles a las necesidades.
- Llegar a acuerdos respecto a la flexibilidad del trabajo (media jornada, repartición del trabajo –a cualquier nivel, incluyendo los superiores/directivos–, trabajo por períodos, empezar más tarde/terminar más pronto, contratos nocturnos, trabajo desde casa o una combinación de trabajo desde casa e *in situ*, siguiendo las premisas del empresario).
- Negociar los horarios laborales y los contratos para que permitan que las mujeres elijan las horas a las que les conviene más trabajar.
- Proporcionar ayudas en los cuidados infantiles (guarderías en la empresa, vales, ofertas lucrativas y oportunidades para bajas familiares).
- Facilitar intercambios y gestionar grupos de autoayuda.
- Conceder la posibilidad de interrupciones de la carrera, de un salario adicional por maternidad y ampliaciones de las bajas maternales.

- Prepararlas, reciclarlas, promocionarlas y brindarles oportunidades de crecimiento profesional.
- Dar trabajos temporales/autónomos para las mujeres que no deseen trabajar permanentemente para una empresa.
- Las empresas deberían examinar críticamente y mejorar la igualdad de oportunidades, y gestionar diversas políticas para asegurar que no existen discriminaciones. También pueden revisar las razones de las partidas a través de las entrevistas/cuestionarios de salida que evidencien problemas de discriminación o específicos del sexo.

Hombres

Muchas prácticas de flexibilidad laboral, incluyendo el trabajo desde casa, a media jornada o por períodos, también son atractivos en el caso de los hombres, sobre todo los que son padres. No todas las mujeres quieren renunciar al trabajo o cambiar sus horarios, en especial si ganan más dinero que sus parejas/los padres de sus hijos. Las oportunidades deberían estar disponibles tanto para los hombres como para las mujeres.

Jóvenes/recién licenciados

Los trabajadores jóvenes no suelen conservar el mismo trabajo durante mucho tiempo. Tiencn necesidades y expectativas a corto plazo; por tanto, si quiere conservarles en la empresa, tendrá que poner en práctica estrategias para animarles. Muéstreles sus valoraciones, pídales sus opiniones, escúchelos y esté dispuesto a ayudarles. Déjeles espacio e independencia, pero marque claramente las expectativas y los objetivos. Intente mantener su interés y reducir el volumen de papeleo y de obligaciones administrativas. A los jóvenes (y a muchos otros trabajadores) no les gustan. Revise las recompensas y los incentivos, ya que a muchos jóvenes les interesa obtenerlos a corto, y no a largo, plazo.

Licenciados

En general, los licenciados están disponibles, pero en el caso de algunas áreas profesionales o países no hay mucha abundancia. Como resultado, algunos se encuentran en trabajos generales y no específicos de su conocimiento, se desilusionan y se despiden de las empresas. Es necesario que los empresarios valoren si necesitan a los mejores graduados, y que sean realistas y sinceros a la hora de contratarles. Muchos licenciados buscan una carrera y no sólo un trabajo; en consecuencia, una preparación de buena calidad y un crecimiento profesional son aspectos esenciales para atraer y retener a este grupo de trabajadores. La insatisfacción y las partidas se producen cuando no se cumplen las expectativas laborales, no existe un crecimiento ni una gestión de la carrera. Por tanto, altos directivos, especialistas en recursos humanos y tutores son cruciales.

Trabajadores mayores

Asegúrese de que conoce sus necesidades y lo que les puede ofrecer. El trabajo flexible suele ser atractivo para el personal maduro, así como también el trabajo parcial, sobre todo si se han retirado pronto de otras empresas. El salario y los beneficios también deberían revisarse. Los planes para el desarrollo personal y profesional (no siempre vertical) pueden ser importantes, y recuerde que los trabajadores mayores siguen requiriendo preparación y reciclaje. Nuevos retos, una gestión de proyectos y funciones de tutoría o preparación pueden ser beneficiosos tanto para los empleados como para las empresas.

Directivos/profesionales

Como grupo, suele haber demanda de directivos debido a sus conocimientos y experiencia. También tienen necesidades diferentes. Muchas empresas luchan para atraerles y mantenerlos en ellas; los procesos de reestructuración y *downsizing* implican que no van a continuar siendo leales. Los empresarios deben ofrecer recompensas atractivas y beneficios, preparación y desarrollo, un crecimiento personal y profesional, así como otras oportunidades, como la asistencia a conferencias, viajes, traslados, consejos profesionales si desean atraerles y retenerles. Transferir o cambiar de puesto al personal, sobre todo enviarles al extranjero, requiere un tacto especial. Si las familias también se trasladan, debería prestarse atención a los acuerdos para la nueva vivienda, escuela, y se debería continuar manteniendo un contacto con ellos para asegurarse de que siguen sintiéndose involucrados en la empresa. Es necesario que los empresarios reconozcan que los directivos y profesionales precisan ayuda, autonomía y, normalmente, desean lograrlas.

Especialistas

Este grupo engloba a especialistas en tecnología de la información, representantes de actuaciones comerciales importantes, profesionales de marketing, etcétera. Se requieren especialistas en tecnología de la información, pero frente a una escasez general, la demanda sigue aumentado. El aumento de gastos asociados con el gran movimiento de personal y el olvido de los plazos está provocando que algunos empresarios contraten personal extranjero ya que son menos costosos; sin embargo, resolver los problemas de contratación es sólo una parte de la solución. Las empresas tienen que retener a los empleados.

Beneficios de la retención de personal

Existen muchos beneficios en la retención de los empleados.

- Reduce los gastos de contratación, selección y preparación del nuevo personal, y facilita el proceso de contratar a personal nuevo.
- Conserva las habilidades y el conocimiento dentro de la empresa, muy importante en el caso de escasez de capacidades.
- Incrementa la actuación y la productividad.
- Mejora la lealtad y la satisfacción de los clientes y puede aumentar las ventas.
- Puede facilitar la competitividad y los beneficios.
- Puede costar menos que cambiar la plantilla.

Inconvenientes de la retención de personal y ventajas del movimiento de trabajadores

Algunos movimientos de personal son inevitables y pueden ser positivos para una empresa, ya que los trabajadores nuevos aportan conocimientos e ideas nuevas. Retener al personal y mantener un nivel bajo de renovación puede provocar bloqueos en las carreras, falta de oportunidades de promoción, un incremento de la edad de la plantilla y una escasez de nuevas ideas, habilidades y planteamientos. A veces, es fácil introducir cambios cuando hay movimiento en la plantilla. Proporciona oportunidades para rediseñar los trabajos y cambiarlos, como reemplazar trabajos de jornada completa por otros de media. Perder al personal puede reducir algunos gastos, disminuyendo los horarios y/o contratando a personal menos costoso o que ocupe esferas con salarios inferiores. También ofrece la oportunidad de perder al personal que no es interesante.

Los costes del movimiento de personal

Los empresarios tienen que preguntarse cuánto les está costando el movimiento de personal, ya que existen algunos gastos relacionados con la partida de los empleados, las sustituciones temporales, la contratación y la selección y la inducción/preparación. El movimiento de trabajadores es caro y los gastos pueden ser considerados como directos o indirectos. Los directos son evidentes e incluyen los gastos de publicidad, el tiempo para realizar las entrevistas y los costes administrativos. Los indirectos son más difíciles, o casi imposibles, de medir y están relacionados con la pérdida de productividad y de negocios. Existen algunos gastos asociados con los siguientes puntos:

- La partida de trabajadores, lo que incluye tiempo administrativo, salario, pensiones, pagas por vacaciones, primas, tiempo dedicado a escribir referencias, entrevistas de salida y cuestionarios.
- La contratación y selección, que comportan la preparación y la colocación de publicidad, correspondencia, material, franqueo, tiempo para gestiones administrativas, utilización de agencias de publicidad y contratación, preparación y envío de formularios, listas de candidatos, tiempo para entrevistar al personal, centros de evaluación, tests psicométricos, documentación para los nuevos trabajadores, gastos de viaje/hotel de los candidatos, revisiones médicas, comprobación de las referencias, proceso de informes personales, nóminas, posibles cambios o alojamiento temporal. Los gastos pueden representar tanto como el 150% del salario del puesto vacante.

- La incitación y preparación del personal nuevo, incluyendo el tiempo que gasta la plantilla (profesores/instructores, directivos, colegas, administrativos), el equipamiento, los materiales y pérdidas. Puede haber gastos adicionales para cursos de preparación iniciales, viajes y uniformes/ropa protectora.
- La pérdida de producción, malas actuaciones, falta de continuidad, servicio/calidad reducidos, pérdida de contratos potenciales, aumento de las quejas de los clientes y reducción de los beneficios.
- Malas actuaciones por parte del personal nuevo y temporal durante las primeras semanas. Se necesita tiempo para desarrollar las habilidades y para que mejoren las actividades de los empleados.
- Pérdida de capacidades, experiencia y conocimiento, a veces frente a los competidores.
- Un incremento del volumen de trabajo, creado por el personal nuevo y el que se marcha, lo que provoca una presión para el restante, causando una disminución del estado de ánimo, un empeoramiento de las actuaciones, desmotivación y añadiendo, potencialmente, un movimiento de personal.
- Horas extra, aunque si hay escasez de personal nadie puede estar disponible a trabajar horas extra, lo que puede afectar la productividad.
- El personal temporal, el uso de agencias, tiempo administrativo para arreglar las nóminas y los procesos de contratación e inducción.
- Posibles riesgos de accidentes causados por personal sin experiencia o por trabajadores bajo presión.
- El tiempo de gestión necesario para la contratación,

preparación y supervisión de los nuevos trabajadores.
- La pérdida de posibilidades de inversión, si la preparación inicial es muy larga.

Los empresarios deberían intentar medir o estimar estos costes, ya que ofrecen algunas indicaciones sobre los gastos de sustitución.

Si una empresa contrata a veinte empleados, tiene un movimiento de personal del cien por cien cada año y el coste de remplazar a cada miembro de la plantilla es de 305 €, entonces los gastos de sustitución ascienden a 6.100 € al año. Por eso, tiene sentido que los empresarios reduzcan la renovación de personal y los gastos asociados. Requiere tiempo y esfuerzo, pero en último término le ahorrará tiempo a la empresa, esfuerzo y dinero, y mejorará la productividad, las actuaciones y los beneficios. Debería intentar realizar algunos cálculos sobre los siguientes puntos:

Su empresa

Número de trabajadores..
Número de personal saliente por año........................
Renovación anual de la plantilla en porcentaje .....%
Coste total de renovación/sustitución de cada
miembro de la plantilla (basado en los gastos
de contratación y selección, administración,
preparación, pérdida de ventas y productividad,
tiempo de los trabajadores, etc.) ....
Coste anual total..
Ahorros si el movimiento de personal se reduce un
X% (coloque su propia cifra)....................................

Costes de la retención de personal

Retener al personal interesante tiene un impacto directo sobre la eficacia y los beneficios de una empresa. Centrarse en la retención puede ahorrar tiempo y dinero e incrementar la rentabilidad, pero tiene que saber cuáles son los costes, cuáles son las reducciones en el movimiento de personal y los costes que quiere obtener, y entonces relacionarlo con las estrategias de retención. Los gastos importantes pueden estar causados como resultado de la renovación de la plantilla en términos de contratación y selección, mientras que la retención de los trabajadores, como se ha mostrado en los primeros capítulos, no tiene que ser siempre cara y no es imprescindible que las recompensas sean financieras.

Darle a una persona un día libre porque ha estado trabajando mucho o ha realizado un trabajo excelente demuestra que se la valora –y los costes son mínimos–. De modo similar, escribir una pequeña nota reconociendo los logros de un equipo o de una persona puede ser muy motivador. Incluso las recompensas que cuestan dinero, como una cena para dos personas o un pequeño regalo, pueden representar una inversión muy valiosa si el personal se queda en la empresa.

Los empresarios tienen que valorar críticamente los costes de la pérdida de empleados, cómo afecta esta situación a la empresa y sus beneficios respecto a la inversión necesaria para conservarlos. Existen vínculos estrechos entre la retención de personal y el éxito empresarial, y no lograr dar ningún paso para retener a la plantilla puede tener implicaciones importantes. Acciones como las señaladas en los capítulos del jueves o el viernes pueden ayudarle a sacarle ventaja a la competencia y a retener a la plantilla, y se pueden entender más como una inversión que como un gasto. Una gran renovación de trabajadores puede provocar que los mejores dejen la empresa y se queden los peores, causando unas actuaciones reducidas y una espiral negativa, haciendo más difícil poder contratar y retener al personal. En último término, esto puede significar perder ventaja frente a la competencia y dañar la reputación de la empresa, lo que, eventualmente, puede conducirla a su clausura.

Conclusión

Hoy ha adquirido algunas nociones sobre las necesidades de un grupo específico de trabajadores, los beneficios e inconvenientes de la retención de personal y algunos de los costes relacionados con la renovación y retención de personal.

- Asegúrese de haber entendido las necesidades de los grupos específicos, para que pueda mantenerles en la empresa.
- La retención de personal puede reducir gastos y mejorar la productividad, los resultados y la rentabilidad de una empresa.
- Es inevitable que exista una renovación de la plantilla y puede crear oportunidades para que haya promociones internas y entre personal nuevo, que aportará nuevas ideas y acciones.
- La renovación de personal puede ser costosa e incluye tanto gastos directos como indirectos. Debería saber cuáles son los gastos de sustitución de su empresa.
- Existen algunos costes relacionados con la retención de personal, pero entiéndalos más como una inversión que como un gasto. Además, si no consigue realizar nada para retener al personal le podría salir muy caro.

¿Quién tiene que involucrarse en el proceso de retención?

En el capítulo de hoy revisaremos:

- ¿Quién tiene que involucrarse en este proceso?
- Conclusiones.
- Plan de actuación.

¿Quién tiene que involucrarse en este proceso?

En muchas empresas, ningún departamento o persona tiene una responsabilidad concreta respecto a la retención de personal, ni en cuanto a la contratación, preparación y desarrollo y otros temas relacionados con las personas. Como se trata de un proceso esencial, las empresas no pueden permitirse ignorarlo; por tanto, ¿quién debería responsabilizarse de la retención de empleados? Debería ser una responsabilidad compartida y debería implicar que diversas personas trabajaran juntas y aceptaran juntas la responsabilidad que supone la retención de personal. Estas personas incluyen:

- Directores/altos directivos.
- Jefes de equipo.

- Especialistas en recursos humanos.
- Miembros individuales del personal.
- Consultores/otros expertos.

Directores/altos directivos

Los directores, jefes ejecutivos y gerentes: todos tienen que colaborar con la retención, si se quiere que tenga éxito. Tienen que ser receptivos y estar abiertos a nuevas ideas, apoyar recomendaciones y acciones, así como proponer ideas y estrategias. Tienen que demostrar su compromiso e integridad.

Jefes de equipo

Tienen una función muy importante en la retención de personal y tienen que comprender las causas y los gastos de la renovación de trabajadores y aplicar soluciones. Pueden llevar a cabo diferentes acciones para alentar al personal para que se quede y, así, mejorar la retención. Deben:

- Reconocer que pueden ser la causa de la partida de los trabajadores.
- Ser justos, igualitarios y consecuentes.
- Recibir cursos y preparación para gestionar y retener a la plantilla –establecimiento de objetivos, aptitudes para realizar tutorías, entrenamiento, asesoramiento, contratación y selección, técnicas para ofrecer valoraciones, preparación y desarrollo, *feedback*, enfrentarse a quejas, liderazgo, etcétera.
- Saber que su propia actuación y eficiencia puede evaluarse según el movimiento de personal, la retención, el absentismo, la consecución de objetivos y metas de la empresa.
- Diseñar y definir los trabajos y, en algunas ocasiones, rediseñarlos.
- Involucrarse en la contratación y selección de personal y garantizar que los trabajos encajen con las aptitudes y expectativas.
- Proporcionar inducción, preparación inicial y otras formas de preparación y desarrollo; reconocer a empleados potenciales y facilitar el crecimiento profesional.
- Ser consciente de que la plantilla está compuesta por personas y que son diferentes. Comprenderlas y moti-

varlas, conocer su estado de ánimo y satisfacción laboral y crear un clima laboral positivo.

- Transmitir con eficacia misiones, visiones, planes de la empresa, cambios y expectativas.
- Tener paciencia, escuchar y responder a los empleados, consultarles e involucrarles en la toma de decisiones.
- Ofrecer elogios, *feedback*, consejos y reconocimiento sobre las actuaciones y comportamientos.
- Controlar, medir y evaluar las actuaciones, utilizando valoraciones y otros métodos; facilitar entrenamiento, tutorías y asesoramiento para mejorar los resultados de la plantilla.
- Proporcionar críticas positivas y ayuda.
- Involucrarse en los salarios, recompensas y valoraciones; recompensar a las personas y a los equipos.
- Resolver conflictos, proteger/defender al personal cuando y donde sea necesario; aplicar procedimientos para solucionar los conflictos.
- Estar accesibles, preocuparse de los empleados, mostrar interés, afrontarse a temas personales y profesionales y ser sensible frente a las necesidades individuales. Ser corteses, honestos y respetuosos; la lealtad es un proceso en dos direcciones.
- Descubrir los síntomas de estrés y dar algún paso en consecuencia.
- Valorar a todo el personal independientemente de cuál sea su puesto; todos tienen contribuciones que hacer.
- Ofrecer trabajos motivadores, definir responsabilidades y objetivos, marcar metas alcanzables y realistas en cuanto al tiempo.

- Alentar la creatividad, iniciativa, innovación, implicación. Probar ideas nuevas, escuchar y ayudar a las personas a superarse.
- Seleccionar y formar grupos, promover las reuniones de equipo.
- Apoyar al personal cuando cometa errores y ayudarles a aprender. Alentarles a que tomen riesgos y animarles si no tienen éxito.
- Tratar a todos los trabajadores como les gustaría a los directores y jefes que les trataran.
- Plantearse trabajar en colaboración con el personal. Eliminar el hecho de que tengan que fichar y las deducciones salariales, si no se aplican a los directivos. Es un reflejo de falta de confianza.
- Promover la responsabilidad y la autonomía mediante una delegación eficaz. Reconocer la libertad individual.
- Encontrar y afrontar los problemas, como las malas actuaciones o la pérdida de tiempo. Si es necesario, echar al personal incompetente, ya que puede tener un efecto negativo sobre el competente.

Especialistas en recursos humanos

Tienen que ser proactivos y estar al día en todos los temas, hablando y escuchando a todos los empleados. Deberían trabajar estrechamente tanto con los directivos como con el personal para garantizar la retención. Deben relacionar las necesidades de la plantilla con las de la empresa, y garantizar planes de recursos humanos, políticas y estrategias de cooperación. Tienen que encargarse de la contratación y del crecimiento profesional, revisar el aprendizaje y la preparación y preparar a los directivos y jefes de equipo para que dirijan de forma eficaz.

Miembros individuales de la plantilla

Las personas tienen la responsabilidad de ser sinceras durante el proceso de selección, de otro modo, sus nombramientos pueden ser defectuosos. Deberían discutir sobre sus necesidades y expectativas con los directivos y jefes de equipo. También tendrían que prepararse para actuar como compañeros/tutores de los nuevos empleados y, posiblemente, para enseñar a otros.

Consultores asesores/otros expertos

Puede ser que tengan que controlar las entrevistas de salida y las llamadas telefónicas, llevar a cabo encuestas de actitud, analizar resultados y/o dirigir grupos centrales.

Conclusión

La retención de personal se basa totalmente en mantener a las personas por las que se está interesado en la empresa. Para poder hacerlo tiene que comprender lo que quieren las personas y, también, cómo están cambiando las empresas y el mundo laboral. Análisis, asesoramiento y toma de medidas le ayudarán a entenderlo y le permitirán aplicar estrategias de retención que satisfarán tanto al personal como a la empresa. Una única estrategia no funcionará nunca y sean cuales sean las que acabe adoptando, tendrá que revisarlas regularmente para asegurarse de que se cumplen los objetivos. Existen costes asociados tanto al movimiento de personal como a la retención, y debería ser consciente de cuáles son; además, no realizar ningún movimiento respecto a la retención de la plantilla también puede ser muy costoso. Sin embargo, no debería estar solo a la hora de intentar enfrentarse a la retención de empleados. Varias personas deberían trabajar juntas y aceptar las responsabilidades que comporta la retención conjuntamente. Vuelva a revisar la lista de temas expuestos en la introducción y en la conclusión de cada uno de los capítulos para tener presentes los aspectos principales sobre la retención de personal.

Plan de actuación

En este momento, ya está preparado para poner en práctica algunos de los temas que ha aprendido. Es importante que las empresas reconozcan los problemas que la renovación de personal puede comportar y que establezcan unos objetivos específicos, como reducir el movimiento de trabajadores del cuarenta por ciento (cifra del año anterior) al veinte por ciento (cifra actual) y aumentar el índice de estabilidad de un sesenta a un ochenta por ciento en los siguientes tres años. Para aumentar la retención de personal, las compañías tienen que desarrollar un plan para valorar y analizar constantemente las causas de la renovación de la plantilla y deben actuar para lograr retenerla. Estos procesos dependen de dos puntos: que la empresa quiera reducir el movimiento de empleados e incrementar la estabilidad, y que la empresa sepa cuánto cuesta seguir contratando y preparando a los trabajadores. Llevar a cabo alguna acción servirá para mejorar la situación.

Por tanto, ¿qué es lo que va a hacer a partir de *ahora* respecto a la retención de la plantilla?

Tiene que realizar una pausa, como se explicó el martes. Identificar, analizar y comprender el problema; a continuación, establecer objetivos específicos, realistas y alcanzables para un período de tiempo determinado. Acuérdese de evaluar y revisar el éxito que ha obtenido.

No existen soluciones inmediatas en la retención de personal, pero el problema se puede resolver. Requiere un esfuerzo, un gran trabajo, un compromiso, una planificación, una concienciación, un análisis y una diversidad de políticas. Puede ser que este libro no dé todas las respuestas necesarias, pero le facilitará ciertas opciones y direcciones; aunque es evidente que la última palabra la tiene usted.